ともに考え深めよう!!
新たな道徳教育の創造

監修　谷田貝公昭・大沢 裕
編著　大沢 裕・中島朋紀

一藝社

監修のことば

　価値多様化の時代と言われて久しい。私たちは国際的にも国内的にも、地域の中でも、異なった価値観をもった人々と日々接している。このような時代にあって、私たちには、どのような道徳が求められているのだろうか。同じ言葉でなければ相手に通じないように、共通の土台で相手を理解する必要がある。

　例えば、自分がされて嫌なことは相手にしてはいけない、その原理は、恐らく古今東西共通であろう。しかし現実には、私たちは折に触れて、自分の考えが相手に通じないことを痛感している。

　こうした日々の生活の不都合を解決するには、対話し議論を重ねながら、相手の思いを理解するほかはない。この視点から近年の道徳教育では、考え、対話する授業が重視されるようになった。しかし道徳教育の授業といっても、子どもの本音を引き出さず、うわべだけのものであれば、本人の道徳心の向上にとっては全く役に立たないであろう。

　本書は、こうした新しい視点から、道徳教育のテキストとして編集されたものである。刊行に際しては、鎌倉女子大学短期大学部の中島朋紀准教授が企画の段階から、主導的にこの本の完成に向けて尽力してくれた。

　監修者としては、中島准教授の精力的な、それこそ創造的な試みに心から敬意を表するところである。

2019年3月吉日

　　　　　　　　　　　　　　　　　　　　　監修者　谷田貝公昭
　　　　　　　　　　　　　　　　　　　　　　　　　大沢　裕

まえがき

　道徳教育は人間教育であり、人間形成の要となる学びである。それは、教育の目指すものが人間の生き方の育成であるからにほかならない。その生き方をどのように考えるか。そこに道徳および道徳教育についての諸見解が生まれる。学校生活で展開されている見えるカリキュラム、見えないカリキュラムを意識し、教師は人として子どもにどう向き合うかを大切にしていかなければならない。それが生き方を探究する道徳教育そのものであると考える。また、道徳というものが結局、人間のより深い存在性の中に根をもつ問いそのものであるがゆえに、子どもとともに考え、人間味ある教師の人格的なかかわりが望まれる。

　基本的に教職を志す学生のための道徳教育テキストであるが、それだけでなく教育現場（研修・免許状更新講習等）でも活用され、道徳教育に関心をもつ人のためにも広く読まれ、教育する勇気と道徳教育の充実に少しでも貢献することができればと願っている。

　本書は、全3部構成である。

　第1部は「道徳教育の理論」（第1章～第4章）、第2部は「道徳教育の方法」（第5章～第11章）、第3部は「道徳教育の実践」（第12章～第15章）とした。

　第1部の「道徳教育の理論」では、基礎理論として、道徳および道徳教育の意義について考え、その基本的な問題を教育学的、心理学的、社会学的、歴史的な観点から論じた。理論から方法・実践につなげられるように、道徳教育の根本問題や諸相へアプローチした。

第2部の「道徳教育の方法」では、学習指導要領改訂（平成29年度告示）と「特別の教科道徳」全面実施に対応し、道徳教育の在り方および道徳科の授業方法について論じた。とりわけ、教育活動全体を通して行われる各教科・各領域の特質に応じた道徳教育の在り方・指導方法を明確にし、また道徳科の授業構成・指導方法・評価活動について論じている。
　第3部の「道徳教育の実践」では、価値論・内容論（第1部）、方法・技術論（第2部）をふまえ、実際の道徳教育の実践・展開、今後のさらなる充実と発展、創造を目指し、子どもとともに考え深め合う道徳教育についてまとめた。
　さらに付録資料に、新しい学習指導要領（平成29年度告示）を抜粋掲載した。このような内容構成にしたのは、今日の学問的成果をふまえ、確かな理論的基礎をもった道徳教育の実践に寄与し、理論と方法との有機的な関連を図りたいと考えたからである。

　刊行にあたり、企画に終始ご指導いただいた谷田貝公昭目白大学名誉教授に深くお礼・感謝を申し上げたい。快く執筆を引き受けていただいた執筆者各位、そして、細心の注意をはらい、綿密な編集作業のご支援をいただいた一藝社の川田直美様には厚くお礼を申し上げたい。
　最後に、企画・発刊を快く引き受けてくださった一藝社菊池公男会長ならびに小野道子社長には心から感謝の言葉を申し上げたい。

2019年3月

編著者代表　中島朋紀

ともに考え深めよう！
新たな道徳教育の創造

もくじ

監修のことば 2
まえがき 4

第1部　道徳教育の理論

第1章　道徳教育と人間存在 10

第2章　道徳教育の基礎理論

A 教育思想 15　B 心理学 20　C 社会学 25

第3章　道徳性の発達 30

第4章　道徳教育の歩み・変遷 35

コラム❶　道徳科への経緯―「道徳の時間」から「道徳科」へ― 40

第2部　道徳教育の方法

第5章　道徳教育の基本方針　42

第6章　道徳教育の全体構想　各教科・各領域

　　A 国語科　45
　　B 社会科　47
　　C 算数科　49
　　D 理科　51
　　E 生活科　53
　　F 音楽科　55
　　G 図画工作科　57
　　H 家庭科　59
　　I 体育科　61
　　J 外国語科（小学校第5学年・第6学年）　63
　　K 外国語活動（小学校第3学年・第4学年）　65
　　L 総合的な学習の時間　67
　　M 特別活動　69

第7章　道徳教育の指導内容・計画　71

第8章　道徳教育における教材研究の方法　76

第9章　道徳授業研究の方法　81

第10章　道徳科学習指導案の作成　86

第11章　道徳教育の評価活動　89

第3部　道徳教育の実践

第12章　道徳教育の多様な実践

　　　A 幼小連携　96　B 環境教育　98　C 安全教育　100
　　　D 特別支援教育　102　E 伝統・文化活動　104
　　　F 劇教育　106　G 書写教育　108

第13章　道徳教育の具体的な展開

　　　A 小学校低学年　110　B 小学校中学年　113
　　　C 小学校高学年　116　D 中学校　119

第14章　道徳教育の課題

　　　A しつけ・生活技術　122　B 情報モラル　125
　　　C 家庭・地域社会等　128

第15章　教師の道徳的指導と子どもの実践行為　131

コラム❷　アクティブ・ラーニングを生かす道徳授業とは　136

付録・学習指導要領等（抜粋）　137
監修者・編著者紹介　153
執筆者紹介　154

＊本文中の特に明記のない引用は、小学校学習指導要領（平成29年告示）文部科学省からの抜粋です。

第1部

道徳教育の**理論**

第1章 道徳教育と人間存在

1　人間性、人間らしさを育む道徳

　道徳教育の必要性ないし重要性が、現代ほど叫ばれている時はない。今日の複雑にして急激な社会的変化の中で、価値の多様化や個性の尊重が叫ばれている。また、目まぐるしい時代変化に適応し、自らが現代社会をたくましく生きる主体者であることを自覚し、これまでの生き方に対する反省や吟味、自分らしくより善く生きることが要求されている。

　人は誰しもが人間としてより善く生きたいという願望を抱いて生きている。それは、自分自身や他の人とのかかわり、集団や社会、自然や崇高なものなどのかかわりの中で、常により善く生きようと願っている。そこに、人間らしい資質・能力を認めることができる。

　その資質・能力は、社会生活のさまざまなかかわりの中で鍛錬され、段階的に人格形成がなされるのである。その発達途上で、人間は夢や希望を抱き、同時に多くの苦悩や不安、危機を体験する。そのような中で、人は人間としてどのように生きるべきかを自分に問いつつ、人格もまた磨かれていくのである。このように、人はより善く生きようとする願いを実現させようとするところに道徳があり、またそれが必要である。

2　道徳・倫理の語義

　「道徳」とは何かについて、その語義について概観してみる。道徳の「道」は、「みち・とおりみち・すじ・みちびく」などを意味している。そして、道は「行」と「首」からできている。つまり、自分の行動には首をかけること、すなわち「人間として正しいみちを歩むこと、もし間違ったら首をかけ責任をとる」という意味である。

また、道徳の「徳」「悳（古字）」は、人間に備わった優れた品性・品性向上のために人が「修得すべきもの・人間らしい長所・賢者」などを意味している。そして、古字の「悳」は、彳（歩む・進む）、十（たくさん・大勢）、皿（人の目）、一（昔の矩尺の直角：くるいがない・正しい）、心（皿と結びついて心眼）となる。つまり、「大勢の人々が心眼で見ても、くるいのない正しい道を歩むこと」と解釈することができる。

　このようなことから、道徳とは「人間として正しい道を歩むこと」であり、「人間として踏み行なわなければならない道」である。その踏み行なわなければならない道は、自然にあるがままの道ではなく、人としてなければならない「人間としての道」である。端的にまとめると、道徳の「道」とは世の中の人が従うべき道のことであり、「徳」とはそれを体得・修得した状態をさしているということである。

　したがって、道徳は人間だけに求められるものであり、他の動物の世界にはない。そこで、道徳は人間らしいよさとして受けとめられ、道徳的ということは人間的ということといえ、道徳性については人間性におきかえて考えることができる。

①倫理と道徳について

　道徳と同じように用いられる語に、倫理（ethics,Ethik）がある。倫理の語義についてみると、「倫」とは「仲間・ともがら・たぐい（類）・みち・道理」などを意味している。「理」とは「物事のすじみち、おさめる、ことわり」などの意味である。端的に言えば、それは物理が物の理法であるのに対して、倫理は人間にかかわる人倫の理法であると言える。つまり、倫理とは、人の踏み行うべき道・道理・道徳を意味しているのである。

②道徳・倫理の語源

　「道徳」（moral）の語源は、ラテン語 mos,mores,moralis に由来し、伝統的な習慣・習俗・習性の意味で用いられた。また、倫理（ethics）の語源は、ギリシャ語 ēthos,ēthika に由来し、元来、鳥や獣の一定のすみか、人の住む場所、その場特有の雰囲気、気質であり、これもまた習俗・習

性を意味した。つまり、道徳・倫理は、ともに習俗・習性の意味をもつものである。あえて分けて意味づけると、倫理は人間としての共同生活が成立するために守られるべき一定の理法・道理であり、道徳はその理法・道理を体得し体現することである。

3 人の間に生きる人間存在と道徳の関係

　道徳は、人間だけに求められ、他の動物の世界にはないのであるから、道徳を必要とする「人間とは何か」ということが問題となる。人間の存在を考えると、一人ひとりの個人、人と人との間がらに生きる人間、人間界などがある。そのことからも、人間は個人と社会との関係の中に存在しているといえる。この個人と社会の関係は、古代ギリシャの哲学者・万学の祖であるアリストテレス（Aristotelēs, B.C.384〜322）が人間を「社会的動物」（ポリス的動物）ととらえて以来、論じられてきた古くて新しい問いであり、難解な問いである。つまり、人間は対他関係、社会関係の中に生きているのであり、自他が共同的に社会的に生きる道として道徳が必要となるのである。

　人間は、個人だけでは生きることができない存在であり、社会的に生きる存在であること、すなわち「人の間」と書くように人と人との間がらに生きる存在である。その間がらは、間のとり方、存在距離のおき方とも考えることができる。間のとり方は、家族同士、さまざまな社会における人間同士、国際間等においても、同じように大きな課題といえる。それを適度に保つこと、秩序をもつことはなかなか難しいものである。なぜなら、人間が感情や欲望の持ち主でもあるからである。一定の秩序を保持するためも、やはり道徳が求められるのである。

　このようなことから、道徳は、人と人の間に生きる者（人間）として、社会生活を円滑にし充実したものにするための規範であるといえる。社会規範は、社会の一員としての個人、あるいは成員相互の間の行為を規

制するものである。その社会規範は、道徳の他にも、慣習、法、宗教などの重要なものがある。

4　子ども存在と道徳教育

　教育は、子どもがより善く生きることを願う営みである。道徳教育は、一人ひとりの子どもたちが人間としてより善く生きる力を身につけ、心豊かに生きていくためのものである。人間としてより善く生きようとする姿勢そのものが、人間としてのよさであり、その学びの過程において身につけるさまざまな力は、その子らしいよさとしての個性を形成していくのである。

　人間は生まれたときから、生への欲求をもっている。子どもがより善く生きようとする姿は、単に生への欲求によって生み出されるだけではなく、人間は高度な精神活動を営むことのできる存在である。人間が高度な精神活動を営むことができるのは、他の動物にない感性や理性を備えているからである。しかし、それは子どもの段階から十分に機能するものでなく、発達段階的に鍛えられ成長していくものである。

　人間の精神活動が発達するのは、感じたり考えたりする力が発達していくからである。感じたり考えたりする力の基本には、常により望ましいものを志向し、より完全なもの、理想的なものを求めるのである。したがって、子どもたちはより善く生きることを求め、理想的価値を志向している存在ととられえることができる。

5　道徳教育の意義

　子どもはより善く生きようとする欲求や理想的価値への志向性をもっているが、それらを発揮するのは具体的な日常生活においてである。その価値志向性は、さまざまな社会的なかかわりを通して独自のよさとし

て形成されていくのである。それらが潜在的な能力として内に秘められ保存されている間は、その子どものよさとはいえない。さまざまな社会的状況の中で、それらが表出・引き出されることによって、独自のよさとして認められるのである。

　生への欲求や価値志向性が、外部からの刺激によってさまざまに開発され、具体的な行動や感じ方、考え方となって確立され、人格が形成されていくのである。このような子ども存在は、子どものよさに着目し、それを育み伸ばそうとする道徳教育によって十分に生かされるものでなければならない。

　子どもの道徳性は、日常の具体的な生活経験の中で、自覚的・反省的な道徳指導によってしだいに育成されていくものである。しかし、道徳意識を欠き未発達な幼児の段階においても、社会生活に必要な客観的道徳を与え、無自覚的ではあってもそれを実現させるように導き、内面性が発達していくにつれ、自覚的・反省的に道徳性が育成されるように指導しなければならない。

　道徳教育は、自覚的・自律的な道徳指導だけではなく、その前段階としての無自覚的・他律的な道徳指導・実践を通して、日常の基本的生活行動様式を習慣化させなければならない。いわゆる「しつけ」の段階も含むものである。つまり、道徳教育とは慣習的・他律的道徳の段階から、反省的・自律的道徳へと導き、人間として道を守り、より善く生きようとする願望に従いつつ、道徳を主体的に創造していくことができるように助成していく活動である。

【引用・参考文献】
　小笠原道雄・田代尚弘・堺 正之編『道徳教育の可能性－徳は教えられるか－』福村出版、2012年
　田中智志・橋本美保監修、松平良平編著『道徳教育論（新・教職課程シリーズ）』一藝社、2014年
　村井 実『徳は教えられるか』国土社、1990年
　山崎英則編著『新・道徳教育論－人間の生き方を考える－』ミネルヴァ書房、2004年

（中島朋紀）

第2章 道徳教育の基礎理論

A 教育思想

1 古代の道徳教育

　道徳教育の重要性は何も、昨今注目されたものではない。実は紀元前の偉大な先人たちも、道徳心とその獲得を、人間の最も重要な課題として認識していた。

　古代ギリシアのソクラテス（Sokrates, B.C.469 〜 399）は、知の実践を考えていた。つまり「善いこと」は何かを知っているつもりでも、その人間が善いことを実際に行うことができなければ、本当に「善」とは何かを知ったことにはならない、としたのである。彼はまた善に関し、本人の自覚を促し、気づかせることが重要であるとした。このため彼は対話や議論によって、人間の善性を発揮させようとした。

　ソクラテスの弟子、プラトン（Platon, B.C.427 〜 347）は、イデア論を展開し、完全なるものはイデアの世界にしかないとした。このイデアの中でも「善」を最高のイデアと見なしていた。彼は、人間に善なる心があるのは、イデアを分有しているからだとし、人間は完全な善を目指して切磋琢磨し、生きるべきだと考えていた。彼はまた、音楽には人間の道徳心を鼓舞する役割があるし、また体育は、善を行いうる道具として屈強な身体を鍛練する役割があると見なしていた。

　これに対してアリストテレス（前出）は、一層現実主義的であった。イデアのごとき完全なものを追い求めても、現実生活に目を向けなければ意味がないとした。彼の道徳教育論の核心にあるのは、「中庸」の徳である。たとえば「勇気」という徳がある。もし勇気が過少であれば、臆病となる。逆に勇気が行き過ぎると、無謀となる。アリストテレスは、本当の勇気

は、臆病と無謀との間の中間にある、というのである。社会の中で生きるのが人間の性質だとしたアリストテレスは、他者を前提としない道徳は、空虚なものになりうると考えていた。

2 中世から近世の道徳教育

　中世に入ると、西欧において道徳教育は、キリスト教と結びつき、人間が道徳的であるかどうかは、宗教心との関連において判断された。キリスト教的世界観にしたがえば、人間は生まれながらにして罪深い。人間は、神を信ずることによって、己の罪深さを自覚し、清く生きることにより、天国に迎えられる、と考えられていた。しかし宗教があまりに深く道徳に関わっていたので、こうした道徳に懐疑の目が向けられることはほとんどなかった。

　宗教的道徳に対して、懐疑、また冷徹な目が向けられるようになったのは、自然科学が発展してからのことである。しかし自然科学自体は、決して道徳心を養成したり、鼓舞する役目を担うものではなかった。なぜなら科学上の真理は、人間の善悪とは、そもそも基準が異なったものだからである。

　善なるものが何であるかを人々に教えたのは、自然科学ではなく、むしろ、ヒューマニズムであった。自然科学勃興と前後して、人文主義者は人間性に着目した。ギリシア、ローマの古典時代にさかのぼることによって、人間が参照すべき規範を見つけようとしたのである。

3 近世の道徳教育

　近世においては、人間の先天的な善性を信じる教育思想が展開していった。代表的なのは、ルソー（J.J.Rousseau, 1712 〜 1778）である。彼もまた、人間は悪に陥りやすいと考えていた。そして人間の悪は、子どもたちが

育つ中で、大人たちの悪に染まるからだと考えた。人間には道徳的な善性が備わっており、それを発揮させるためには、堕落した社会環境から、子どもたちを隔離することが重要だとした。

ところでルソーは、人間には、自己保存の感情と「憐憫」の感情とがあると言う。自己保存の感情が自分本位であるのに対して、憐憫の感情は、他者の痛み、悲しみに接すると、いたたまれなくなる感情である。憐憫の感情に忠実であるほど、人間は道徳的な態度を発揮する。逆に自分本位の立場にこだわる人間ほど、道徳の道から逸れる傾向にある。

悪しき教育は、子どもに、世界は自分中心に廻っていると錯覚させる。しかし道徳教育では、子ども自身、世界が自分中心に廻っていないことを学ばなければならない。これが道徳教育の立場である。

ルソーは、人間の自由の最高段階を、道徳的自由とした。この自由を獲得させることが、ルソーにとって道徳教育の目的であった。

ルソーの道徳的自由に関心を抱いたのがカント（I.Kant, 1724〜1804）だった。彼は、人間の自由は、因果関係から自由である内的世界に成立することを示した。彼は「汝……なすべし」という「定言命法」にしたがうことが道徳的、自律的生き方であり、道徳的自由であると考えた。彼は、大学では教育学の講義も担当し、道徳的自由の教育を主張した。

しかしカントの教育論に関して、強い疑問を抱いたのがヘルバルト（J.F.Herbart, 1776〜1841）であった。彼はカント的な教育学では、人間の自由は達成されないとした。教育は外からの働きかけであるから、因果関係から自由の内的道徳の世界、道徳的自由へ向かう教育学は想定できないと主張したのである。

しかしヘルバルトもカントと同様に、人間の生き方の一番上位が道徳性であり、これこそ人間教育の目的だと考えていた。そしてまたヘルバルトは、「教育的教授」の重要性を強調した。教師が単に、知識や技術を伝達するだけでは、教育の目的は達成されない。教師は、児童や生徒に知識や技術を授けながら、人格的感化力をもって、子どもの生き方その

ものをより道徳的な生き方へ高める役目を負うのである。彼の教育的教授の考え方は、現在の学校において、各教科指導の中で道徳性を子どもたちに身につけさせるためのヒントを提供してくれる。

　ヘルバルトが学校授業に目を向けていたのに対して、家庭教育からの一貫した人間教育の重要性を主張したのが、ペスタロッチー（J.H.Pestalozzi, 1746～1827）であった。彼によれば、人間が人間たるゆえんは、動物とは異なった生き方ができることにある。彼はそれを「道徳的状態」と表現した。道徳的状態とは、自身の利益や役得は省みず、他者の幸福、または他者のために自身の活動を―あるときには犠牲的精神をもって―方向づける生き方である。

　ペスタロッチーもまたルソーと同じように、人間は生まれながらにして善性をもっていると考えていた。しかしそれは、母親らの教育者の注意深い配慮がなければ、容易に消失してしまうものであった。

　ペスタロッチーは道徳的状態へ向かうためには、自己の低次の段階を認識し、その段階を乗り越えようとする、自己改善の立場が必須であると考えた。それは、自身の目的の完成へ向けて力を結集させる態度に基づく。より高い立場へ自己の生き方を移行させること、それを彼は「醇化」と呼んだ。醇化は、自分自身が忘れかけていた、善性を再興させることである。ペスタロッチーは、この善性の再興こそ、道徳教育の目的であり、そのために家庭と学校が互いに協力する体制が必要だと考えた。

4　現代の道徳教育－新教育

　欧米やわが国の「新教育」は、子どもの自発性や自由を重んじた教育を重視した。しかし往々にして、子どもの興味・関心と、道徳心は同一のものとは限らなかった。このため、子どもの自己中心性を克服することを、教育の中心課題だとする思想家が現れた。シュプランガー（E.Spranger, 1882～1963）は、自身の教育の核心を「良心の覚醒」と表

現した。道徳性は、他者から押しつけられないが、教育者は、子どもの良心を目ざますよう全身全霊をもって力を尽くすべきだ、というのである。

　新教育でも、子どもたちの経験を重視し、実行することに価値をおいたのが、デューイ（J.Dewey, 1859～1952）だった。彼は、経験なくして道徳もありえないこと、むしろ誤りの経験こそ、人間が正しい道にたどり着く良い契機だと考えた。人間は必ずしも理想へ向けて一直線に向かうのではない。その都度の経験の結果、経験がますます深いものになると、彼は確信していた。実行されない「徳」があるとすれば、それは、彼には、何ら意味のないものだった。デューイにとって、道徳教育と、深い経験を重ねることは、一つの道筋として重なり合っていた。

5　現代の道徳教育の課題

　現代は、価値の多元化した社会の中でいかに道徳を教えるか、という課題が突きつけられている時代である。特に、異文化の人々と接するとき、どのような態度、行動をとれば真に道徳的であるか、それを決定することは非常に困難なこととなる。

　そこで現代の道徳教育は、価値が相対化されているために、普遍的な価値を確定するよりも、自身のアイデンティティの構築に注視するようになった。自分自身に肯定的な感情を持つものは、他者に対して寛容になることができる。しかし自身に否定的な感情を持つ人は、往々に差別意識をもったり、他者を排除する傾向を持ったりするからである。

　とはいえ、アイデンティティを構築すれば、道徳教育が完結したと考えるのは誤りである。現代の道徳教育論の範囲は、対自己だけでなく、対他者、対社会、対自然、対超自然（宗教）を含んだものとなっている。

【引用・参考文献】
　東岸克好執筆代表『西洋教育史』玉川大学出版部、1986年

（大沢　裕）

B 心理学

1 心理学とは

　私たちは隣にいる人の気持ちを知りたいと思ってもなかなかわからないし、言葉が通じない赤ちゃんの気持ちも的確に知ることは難しい。それでも、知りたい、明らかにしたいと願うときがある。それでは、どうすればよいか。

　心理学とは人の心を部分的にも明らかにしようと挑戦をする学問である。心理学において人の心を知ろうとするためにはいくつかの研究技法があり、それらは心理学研究法と呼ばれる。具体的には、下記のような方法がある。観察法（研究対象を直接見て、その結果を言語や数値の形で記録・分析する方法）、質問紙法（紙に印刷された質問項目への回答を得ることにより、回答者の行動や思考について知る方法）、面接法（おおむねは一対一で相手のことを深く知るために対面で質問を重ねていく方法）などがある。実際の心理学研究ではこれらの研究方法を交差的に用いることにより、知見が積み重ねられてきている。

2 心理学における道徳研究の位置づけ

　心理学領域において、道徳は道徳心理学と呼ばれる領域で研究が積み重ねられている。ほかの学問で行われる道徳研究とは異なり、心理学では道徳性にかかわる判断、情動、行動、パーソナリティについての事実が先に述べたような方法を用いて客観的に記述される。たとえば、××歳時に罪悪感が出現するというように表現される。

　伝統的に行われてきた道徳心理学の研究には精神分析理論、学習理論そして認知発達理論がある。精神分析理論では、たとえばフロイト

(S.Freud 1856～1939) によって、エゴ（快感原則に従った機能）、自我（エスと現実の要請を同時に処理しようとする）、超自我（良心）という概念を用いてヒトを理解するという試みが行われてきた。学習理論の立場ではよいことも悪いことも学習により成立すると考えられた。よいことをして褒められることによりその行動が身につき（学習）、よくないことをして叱られることによりその行動が生じなくなることを消去という。また、よいことを行ったときに叱ったり、悪いことをした時に叱られなかったりするなど、ランダムな対応が行われた場合には自ら学ぼうとしなくなる（学習性無気力）と考えられた。認知発達理論はピアジェ（J. Piaget 1896～1980）により子どもの規則理解や道徳性の萌芽についての研究が始まり、その後、コールバーグ（L.Kohlberg 1927～1987）により、さらに年長の子どもを対象として道徳性の発達理論が完成された。コールバーグによる道徳性発達理論は非常に影響力があり、現在も広く教育界において学ばれている。

3 近年の道徳心理学

近年、道徳心理学は大きく分類すると、認知発達理論、精神分析理論、情動および向社会的行動、文化・協調（平和や寛容）、偏見、脳神経科学・比較行動学、パーソナリティといったさまざまな領域において研究される。このように、多くの領域において道徳研究が行われるのは、高度情報化した現代社会がさまざまな場面において道徳を考える必要性に迫られていることを示唆する。また、先に紹介した心理学研究法以外の新しいいくつかの研究法（例：fMRI）が開発されたことにより、これまでは不可能だと思われた私たちの心の状態を明らかにすることができるようになったからであるともいえる。

特に近年、道徳心理学に対して新しい知見を提供しているのは、進化心理学や乳児研究の立場である。進化心理学ではすべての生物は進化

の産物であり、進化のメカニズムは自然選択であると考える立場である。この考えによると、生物がほかの生物を思いやるのは単に利他性に由来するのではなく、究極的には自らの種の存続のために行われているのではないかと考えることができる。しかし人間に関していえばさまざまな社会的要因がかかわるので、一概に種の存続のためだけとはいえないだろう。

　一方、乳児研究では、選好注視法（乳児はある種の図形パタンを好む）などを用いて言葉を発することが不可能である乳児においても、道徳が存在することを明らかにしようとしている。たとえば、乳児を対象に山を登ろうとするブロックを後ろから押して助けようとするブロックと山登りを邪魔しようとするブロックを見せ、どちらのブロックをより長く注視するかを調べた。その結果、乳児は山登りを助けようとするブロックを注視していた。近年、このようなタイプの乳児を対象とした道徳心理学研究は盛んに行われており、乳児のさまざまな可能性を示唆している。その一方で、乳児の有能感を評価しすぎているのではないかという懸念も示されている。

4　「考え議論する道徳」授業を行うために

　現在、学習指導要領の改訂に伴い、従来の心情読み取り型の道徳授業から考え議論する道徳へと道徳授業を変えていく必要性に迫られている。具体的には、これまでの登場人物の気持ちの読み取りを重視してきた道徳授業から、登場人物の気持ちを読み取るだけではなく、自身が考えを持ち、意見の異なる他者と議論を重ねることが求められている。この動きに対して、心理学はどのような貢献ができるだろうか。その一つに、モラルジレンマ討論＊研究が積み重ねてきた研究知見を挙げることができる。

＊複数の価値が葛藤するストーリーを読み、どうすればよいか議論すること

5 モラルジレンマ討論とは？

　モラルジレンマを題材にして話し合うことにより、討論参加者の道徳性の発達が促されることが明らかにされて以来（ブラット＆コールバーグ、1975）、モラルジレンマ討論は多くの国や地域において道徳教育の一つの手法として用いられている。日本では兵庫教育大学を中心として、研究者と学校教員が連携することにより、現在までに40年以上の時間をかけて子どもが興味を持つモラルジレンマ教材、モラルジレンマ授業の行い方、モラルジレンマ授業の教育的効果などに関する知見が包括的に蓄積されてきている（荒木、2015）。モラルジレンマ授業の醍醐味は答えが決まってはいない（複数の価値が葛藤する）モラルジレンマについて、子どもたちが自由に議論をすることができる点にある。ただし、適切な討論場面を設定し（討論参加人数や討論での発話の機会が重要になる〈藤澤、2013〉）、教師がファシリテーター（進行役）の役割を適切に果たすことができる必要がある（授業者が授業中に言葉をたくさん発し過ぎたり、授業者の価値観を前面に押し出しすぎたりしてしまうと、道徳の授業時間に子どもは考え議論することができなくなる）、子どもの声をいかに多く引き出すことができるかが大事になると思われる。また、授業で取り扱う内容項目によりモラルジレンマ討論という教授法が適切ではない場合があるため、注意が必要である。しかし、一般的にはモラルジレンマが生じるストーリーを討論材料として使用することにより、考えたり議論したりする能力が活性化されるだけではなく、協調性、汎用的能力、他者視点、共感といった社会的能力（例：荒木、2015；藤澤、2018）が高まることが明らかにされている。

　クラス単位で行われるモラルジレンマ授業は、先述したような教育的効果があるとされる一方、実際の生活上のジレンマを用いていないために子どもの共感を得にくい、学校の日常生活に反映されにくい、普遍的価値（例：盗み）についてもオープンエンド（結論がない）でよいのかなどのさまざまな疑問が寄せられた。それらの課題を克服して進められたのがジャスト

コミュニティアプローチ（以下、JCA）である。簡単に述べると、学校を一つの共同体社会と見立てて、子どもも教師も一人１票の投票権を持ち、共同体社会のルールを決めて、みんなで運用していくというものである（荒木、2013）。その組織運営にはいくつもの下位委員会があり、例えば、みんなで決定したルールへの違反者がいた場合には、その処罰についても委員会で議論をして決めていくという方法を取る。

　1971年にコールバーグによりJCAが展開されて以来、米国の高等学校を対象として始まったJCA研究は、現在までに約40年の歴史を持つに至っている。当初、道徳的ジレンマは実際の学校生活に焦点を当てており、話し合いで決めたことが影響力を持つというモデルを特徴としていた。1985年にはコールバーグとヒギンズにより、JCAはドイツ、スイスの学校にも広められた。現在のJCAは小学校や中学校で使用される場合には、広い意味での社会的コンピテンス（能力）や向社会的動機づけを育むことを目的としている。本来は高等学校の民主主義コミュニティの構築に関連したスキルを強調したものであったが、現在は民主的な政治的スキルや市民的態度の成長といったシチズンシップ教育を強調するプログラムとなっている。これらの考え方の移行は、まさに時代の要請に応じたものであると考えられる。日本においても日本の文化規範を考慮しつつ、子どもの発達にとって適切な形で応用されることが期待される。

【引用・参考文献】
荒木寿友『学校における対話とコミュニティの形成―コールバーグのジャスト・コミュニティ実践』三省堂、2013年
荒木紀幸「兵庫教育大学方式によるモラルジレンマ授業の研究―コールバーグ理論に基づくモラルジレンマ授業と道徳性の発達に及ぼす効果について―」『道徳性発達研究』9、2015年、PP.1－30.
Blatt, M. & Kohlberg, L. The effects of classroom moral discussion upon children's level of moral judgment. *Journal of Moral Education*, 4 (2), 1975年、PP. 129-161.
藤澤文『青年の規範の理解における討議の役割』ナカニシヤ出版、2013年
藤澤文「高校生・大学生を対象としたモラルジレンマ課題を用いた討議の教育的効果の検討」『道徳性発達研究』11、2018年、PP.22－35.

（藤澤　文）

C 社会学

1 道徳教育の社会学的視点

　道徳教育を社会学の視点から考えるときエミール・デユルケム（E. Durkheim, 1858～1917）をまずあげなければならない。フランスの社会学者デユルケム（研究者によってはデユルケームと明記するがここではデユルケムとする）は多くの著作を残しているが、道徳と関連した事柄が多く言及されていることに注目したい。また、ここでは主に没後8年の著作『道徳教育論1・2』（1925）と没後5年後の『教育と社会学』（1922）を中心に論じてみたい。
　『道徳教育論1』の原理的考察（3要素）について述べてみよう。
①規則
　道徳はある行為を前もって決定している規則の体系ともいえる。社会生活のそれぞれの場面に応じて人は「いかに振舞うべきか」を教えることが規則である。規則のあるものは法典に明記されている場合もあれば人びとの良心に刻み込まれている。規則を侵す行為に対して浴びせられる非難によって規則が支えられていることもある。
②規律
　これには二つあって一つは「反社会的行為」を予防することであり、それ以外には効用がないということである。二つ目は規律それ自体に固有の価値があって道徳生活に必須の刻印を印したものであるという認識である。私たちは日常生活に則った、あるルーティン化された行動様式を取るよう選択を求められたり、任意的な選択的意思に基づいて行動したりする。その人間関係を律する規準はその行為が任意・強制であれ、人びとがそれに従属するよう課していることは確かなことである。
　人が規律に従うということは諸個人の結合によって形成される集団

＝社会の中においてである。このことから次の2点を導くことが出来る。1.道徳の目的は社会を対象とすること。2.道徳的行為は集団的利益のために振舞うこと。
③自律

　自律とは規則を受容する意志の態度のことである。つまり、規則が合理的に基礎づけられていることを認めること。子どもはまずは社会からすでにでき合いのものとして規則を受容するが決して受動的な受容ではない。「意志をともなった自律性」がそこに存在するということである。確かに私たちは道徳的規則に従って生きているが、一方でその性質を探究したりその根拠を求めたりする。道徳の世界が一定の考えにもとづいて私たちの心の中に表れたりすることは事実である。このことは道徳世界が単純に私たちの外部にあるものではないということである。

2　道徳教育の方法について

　『道徳教育論2』では、いままで論じられてきた諸要素をどのようにして子どもの内部に形づくり、発展させることができるかという、教育方法の問題が小学校の段階で考察される。また道徳性を陶冶する手段や方法、道徳教育における教師の役割など、いわば教育学（ペダゴジーという）の固有の問題があり、その基礎としての児童心理学の考察がなされる。これらは本書の他の章で論じられると思われるのでここでは省く。そこで「社会学的教養」の重要性を指摘しておきたい。つまり教育を導く観念を発見するうえで重要なのは社会を探究しなければならないということであり、道徳教育の方法原理は社会に求められるべきだということである。これに関連して次の指摘をじっくりと読んでみよう。社会学的教養を習得する術を示唆している。

　「われわれは、本人が知らずして属しているところの社会集団について、できるだけ正確な観念を子どもに与えねばならない。思うに教育

者の任務の最たるものはここにある。というのも子どもがこれらの社会集団についての観念を誰の手も借りずに独力で作り上げるなどというのは、そう簡単にできることではないからである。(中略) 必要なのは観念をただ単にくり返すことではなくして、これをくり返すことにより、観念に深い色合いや輪郭や生命を与え、それを行為の原動力たらしめることである。(中略) 要は、子どもの精神を理論的概念や思弁的観念ではなくして、現実の要請にできるだけ効果的に応ずべき行動原理によって豊かにすることである」

デュルケムはこう言っている。ありのままの事実を出来るだけ明確で生き生きとした印象を伴って子どもに与えればそれだけでよい、と。あとに残されていることは、この方法がいかにしてそしてどんなかたちで学校に適用されうるかという問題だけである。

3 デュルケムの教育観

『教育と社会学』(1922) の著作で彼がいかに教育の科学つまり教育社会学を確立しようとしたか。その論点は以下である。
①理念としての教育と事実としてのそれを峻別すること（理念としての道徳と現実との乖離）。解決のための科学と説明の科学を峻別する。
②事実としての教育（実践）を科学的、歴史的、比較的に考察することは重要であるということ（道徳が創生される背景を探る）。

うえの課題と道徳に共通する「社会と個人」の問題をたててみよう。社会と個人は反目するものなのか。人間の知恵は1つの世代が終わり他の世代にとって代わられるたびごとに消滅することなく無限に蓄積されるために何が必要か。『教育と社会学』からこのことを考えてみよう。

「社会と個人という2つの項は対立し、一方が他方と逆の方向でのみ発達しうるというのではなくて、むしろ相互に他を包含しているのである。個人は社会を必要とし、社会は個人を必要とする。それであるから教育

によって社会がとくに個人に加える作用は、個人を抑圧したり、縮小したり、曲げたりすることではなくて、むしろ反対に個人を成長させ、個人を一個の真に人間的存在たらしめることを目的とするのである」

　うえの文章からデュルケムが教育の目的と本質についてあらたな社会学的な視点を与えたことが分かる。人間は人類一般といった抽象的な存在に帰せられるものではない。教育は一言でいえば「若い世代の組織的社会化」とデュルケムはいう。子どもがやがて社会生活のなかでその環境に適応して生きていけるためには価値や知識や技術を習得していくことが必要である。その背景には分業や分化が進み社会の成員同士が異質と多様を生きる人格的個性を持つよう求められていることがある。人格的個性とは個人の自由や権利と深くかかわるものであるが、これをいかにして説明できるのか。それを解く原理が「社会化された個人主義」である。

4　社会化された個人主義─道徳的人格の形成

　今日では個人主義とは、偏狭な効率よい、かつ計算高さをもった私的な目的追求や動機を正当化する、いわばエゴイズムを意味する。デュルケムの考えによればその個人主義は「個人の尊厳」を犠牲にしている。デュルケムは当時ヨーロッパ社会の急激な産業化の進展と長い間人々の生活を律してきた宗教や道徳の無力化、競争を刺激して物質的欲求へと人びとを駆り立て社会の成員のあいだのエゴイズムを凝視していたのである。

　デュルケムの社会学から学ぶ道徳は「個人主義の倫理確立」であるが、個人は社会化されるということが基本である。その目標は「道徳的人格」の形成である。その人格とは何か。それは個人的なわがままから引き離された、あらゆる規則の形成に活発に積極的に関与するものである。『社会分業論』(1893)でこう指摘する。「道徳的人格とは社会の中で衝突しあっ

ている諸々の利害を裁決して、各々の利害に適当なる限界を指定するための『審判者』である」と。

　では、道徳的人格が形成可能なための条件とは何か。それは社会化のおかげで獲得した個人的利害を超えて超個人的目的と結びつくことが可能な道徳を獲得することではないか。

5　道徳を社会学的観点から考える意義―まとめに代えて

　デュルケムの社会学は「通念」や「常識」がいかに強い力をもっているかを教えてくれる。また「あたりまえ＝日常性の常識」は、そこから自由になろうとしてもそう簡単に自由になれないものをもっていると指摘した。だからまず社会現象に対する第一印象に警戒を怠らないこと。まとまりの弱い近代社会にあって「共同意識」をもつために社会の仕組み（秩序）を描き出すことが社会学の役割であるということ。これが道徳を社会学的に考える観点である。

【引用・参考文献】
　　デュルケム　麻生誠・山村健訳『道徳教育論1・2』（世界教育学選集32,33）、明治図書、『道徳教育論2』P.116、1964年
　　デュルケム　佐々木交賢訳『教育と社会学』P.25、P.67、誠信書房、1976年
　　デュルケム　井伊玄太郎訳『社会分業論上』p.29、講談社、1989年
　　デュルケム　宮島喬訳『社会学的方法の規準』岩波書店、1978年
　　ピーター・L・バーガー　水野節夫・村山研一訳『社会学への招待』筑摩書房、2017年
　　　（原著は1963年刊行）

　　　　　　　　　　　　　　　　　　　　　　　　　　　　　（望月重信）

第3章 道徳性の発達

1 道徳性の発達：どのような点から道徳性の発達をみるか

あなたは、わざと1個のコップを割った人と、偶然たくさんのコップを割った人を見たとき、どちらがより悪いと考えるだろうか。道徳性の発達を捉えるための観点のひとつとして、何を正しく何を悪いと判断するかという「道徳的判断」がある。このような出来事に対する判断の仕方は子どもと大人では異なってくる。

また、私たちは、ルール違反をしたり、誰かを傷つけてしまったりしたとき、罪悪感を持つことがある。やってしまった行為に対して、消えてしまいたいほど恥ずかしいと感じることもある。このような罪悪感や恥といった感情は「道徳的感情」と呼ばれる。このような感情はいつ頃から持つようになるのだろうか。

本章ではまず道徳的判断の発達について、次に道徳的感情の発達について概観する。

2 道徳的判断の発達：どのように判断するようになるか

発達心理学者ピアジェ（J.Piaget, 1896～1980）は、子どもの知的能力（認知能力）に着目して道徳性の発達について研究を行った。ピアジェは以下のような物語を子どもたちに聞いてもらい、ジャンとアンリのどちらの方が悪いか、それはなぜか、という質問をした。

「ジャンは食事に呼ばれたのでダイニングルームに入っていこうとします。ところが部屋のドアの後ろには椅子があり、その椅子の上にはお盆が置いてありました。お盆にはコップが15個載せてありました。ジャンはドアの後ろにコップが15個もあるとは知りませんでした。彼がドアを

開けると、ドアがお盆にあたり、コップは15個ともみんな割れてしまいました。」

「アンリは、ある日、彼のお母さんが外出しているときに、戸棚の中のジャムを食べようとしました。アンリは椅子に上に乗って腕を伸ばしましたが、ジャムは戸棚の高いところにあり、手が届きませんでした。ジャムを取ろうとしているうちに、手がコップにあたって、コップが一つ落ちて割れてしまいました。」

その結果、子どもたちの回答は、「15個も割ったのだから、ジャンの方が悪い」といった、結果に注目する「結果論的（客観的）判断」に基づくものと、「わざとしたのじゃないから、ジャンは悪くない」といった、動機に注目する「動機論的（主観的）判断」に基づくものの2つに分かれ、およそ9歳頃を目安に動機論的（主観的）責任判断をするようになることが示された。

子どもの判断は結果の悪さに注目する段階から動機の悪さに注目する段階へと変わっていくのだと言える。動機に注目するためには、他者の動機が何であるかを考慮できるようになる必要がある。したがって、子どもが動機論的（主観的）責任判断をするようになるために大切なことのひとつとして、他者と協同し、お互いに尊敬しあうような関係性を構築し、他者の動機や意図についての理解を深めていくことがあげられる。

その後、コールバーグ（Kohlberg, L. 1927〜1987）がピアジェの理論を引き継ぐ形で研究を発展させ、子どもも自分なりの基準をもって道徳的判断をしており、その基準が発達とともに変化するのだと主張した。例えば次頁**図表3-1**の「ハインツのジレンマ」のような道徳的価値が葛藤する「モラルジレンマ課題」を用い、子どもたちの回答を調べ、道徳的発達段階を示した（次頁**図表3-2**）。

この発達段階では、道徳性の発達はレベルⅠ〜Ⅲの3つのレベルと6つの段階に分かれている。Ⅰ前慣習的レベルは道徳的基準を習得する以前の状態であり、Ⅱ慣習的レベルは所属集団の道徳的基準を受け入れる

図表3-1　ハインツのジレンマ

ヨーロッパで、1人の女性が特殊なガンで死にかけていました。医者の話では、この女性を助けることができる薬が一つだけあるそうです。それは、この町の薬屋が最近開発したラジウムの一種でした。この薬を作るにはお金がかかるのですが、その薬屋は、さらに10倍の値段をつけて販売していました。つまり、400ドルかけて作ったわずかな薬を、4,000ドルで売っていたのです。この病気の女性の夫ハインツは、知り合いに全員お金を借りてまわり、合法的な手段はすべて使いました。しかし、薬の値段の半分の2,000ドルしか用意できませんでした。そこでハインツは、妻が死にかけていることを薬屋に話し、薬の値段をもっと安くするか、せめて後払いにできないか頼みました。しかし、薬屋はその頼みを断りました。薬屋は、「この薬を発見したのは自分だし、これで金儲けするつもりだ」と言いました。あらゆる合法的手段を使いつくしていたので、ハインツは途方に暮れ、薬屋に忍び込んで薬を盗み出そうと考えました。

（質問例）ハインツは薬を盗むべきですか？それはなぜですか？

出典：（Kohlberg, L. /藤澤、2015）を基に筆者作成

図表3-2　コールバーグにおける道徳的発達段階

レベルと段階	正しいこと
レベルⅠ：前慣習的 第1段階 他律的道徳	規則を破って罰を受けたりせず、ひたすら服従することが正しい。
第2段階 個人主義と道具的意図・交換	自分の利害関心や欲求を満たすように行為すること、他人も同様にさせておくことが正しい。
レベルⅡ：慣習的 第3段階 相互的な対人的期待、対人的同調	身近な人々から期待されていることや役割に対する一般的期待に従うことが正しい。「良い子であること」が重要になる。
第4段階 社会システムと良心	既に合意されている義務を果たすことが正しい。法律は必ず守られなければならない。
レベルⅢ：脱慣習的 第5段階 社会契約、または効用と個人権	人々の価値観や意見は多様であり、価値と規則はたいてい集団ごとに相対的であることに気づいている。生命や自由など相対的ではない価値や権利は、どんな社会であれ、守らなければならない。
第6段階 普遍的倫理的原理	自己選択による倫理的原理にしたがうことが正しい。人間としての権利を平等にし、一個人としての人間の尊厳を尊重する。

出典：（Kohlberg, L. /藤澤、2015）を基に筆者作成

状態、そして、Ⅲ脱慣習的レベルは道徳的原理に照らして所属集団の道徳的基準を捉えなおすことができる状態となる。コールバーグは、このような道徳性判断の発達には知的能力（認知能力）の発達が不可欠であるが、さらに、社会参加や役割取得の機会や経験を多く持つことが重要になると述べている。すなわち、レベルⅠからⅢへと道徳性が発達していくためには、子どもが様々な社会経験を通じて他者の立場に立てるようになり、自分の行為について他者の立場から考え、複数の立場の葛藤を解決することに向き合うようになることが大切なのだと言える。

3 道徳的感情の発達：どのように感じるようになるか

　道徳的感情とは道徳的規範をもとに状況を評価し経験する感情のことであり、罪悪感や恥、あるいは、感謝の気持ち、憐れみといった、様々な種類の感情がある（有光、2015）。

　あなたが友達の大切な物を壊したり大事な約束を破ったりした時のことを思い出してみよう。なぜあのようなことをしてしまったのだろうと悔やみ、自分自身を強く責めたくなるのではないだろうか。このような感情が「罪悪感」である。罪悪感とは、罪の意識、自己を責める感情のことであり（横田、1999）、相手に謝り、責任を取り、状況を改善しようとする補償行動につながる重要な感情である。

　一方、学校の試験であまりに低い成績だったのをクラスメイト全員に知られ笑われたとしたら、落ち込み、その場から消えてしまいたいと感じるだろう。このような感情が「恥」である。恥は罪悪感とは異なり、落胆や無気力や悲しみと関連し、他者を避けようとする行動につながることが分かっている。

　罪悪感と恥の感情を識別できるようになることによって、自分の行為が他者をどのような気持ちにさせるかの予測が可能になり、このような感情を引き起こす状況を回避しようとするようになっていくと考えられ

ている。

　罪悪感あるいは恥の感情の発達について調べた研究から、約束の反故などの道徳的違反の場面、および、きわめて低い学業成績などの社会的失敗の場面に対して、児童は既に罪悪感と恥の感情を識別することが示されている（Ferguaon, Steggy, and Damnuis, 1991）。小学2年生は他者の反応や注意に基づいて2つの感情を識別するが、識別の程度は加齢に伴い正確になり、10～12歳頃になれば成人と同様に識別するようになる。すなわち、道徳的違反の場面に対して罪悪感を持ち、また、社会的失敗の場面に対して恥を感じるようになるということである。特に意図的に道徳規範を破った場合に罪悪感を持つことが明らかになっている。

　道徳的規範に反してしまうことに対して罪悪感を意識するようになることが、自分自身を批判し、他者に対する責任を取ろうとする行為につながっていくのだと考えられる。

【引用・参考文献】
有光興記・藤澤文編『モラルの心理学―理論・研究・道徳教育の実践』北大路書房、2015年
ジャン・ピアジェ、大伴茂訳『児童道徳判断の発達』同文書院、1954年
Tamara J. Ferguson, Hedy Stegge & Ilse Damhuis Children's understanding of guilt and shame. Child Development, 62, (1991) PP.827-839.
横田正夫「罪悪感」、中島義明・安藤清志・子安増生・坂野雄二・繁桝算男・立花政夫・箱田裕司編『心理学辞典』有斐閣、1999年
ローレンス・コールバーグ、岩佐信夫訳『道徳性の発達と道徳教育』麗澤大学出版会、1987年
渡辺弥生・伊藤順子・杉村伸一郎編『原著で学ぶ社会性の発達』ナカニシヤ出版、2008年

（細野美幸）

第4章 道徳教育の歩み・変遷

1　戦前の道徳教育

(1) 学制と修身教育

　近代日本の学校教育制度は、1872（明治5）年に発布された「学制」によって始まる。「学制」の理念は、国民皆学をめざす進歩的な教育体制を成立させようとするものであり、実学主義的・功利主義的な学問観に立った新しい教育理念を明示している。「学制」の中では、道徳教育は「修身科」としての教科の位置づけがなされていた。修身科は「身を修めること」、つまり知識を修得し品性を向上させ人格形成をめざすものであった。修身は「修身口授（ギョウギノサトシ）」として下等小学校低学年（小学1〜2年）を対象に週2時間程度が割り当てられており、日常的なしつけや倫理に関する基礎的知識を教師が談話・説教によって授けるものであった。

(2) 教育令

　明治天皇は、全国各地の学校を視察され、1879（明治12）年国民教育の実情に接した「教学聖旨」を発布した。「教学聖旨」は、明治天皇が抱いた感想・見解をふまえ侍講 元田永孚（1818〜1891）が聖旨として起草したものである。当時の欧米化に急ぐ知識教育に対して、儒教倫理の立場から「学制」の教育理念を改正しようとしたものである。すなわち、維新以後の教育が「仁義忠孝ヲ後ニシ徒ニ洋風是競ウ」ことに重点をおき、本来のわが国の教育を見誤っていると批判し、これまでの伝統的な儒教思想に基づく道徳教育の必要性を説くものであった。そして、同1879年学制に変わり「教育令」が発布され、修身科は小学校教育課程の筆頭教科として位置づけられた。

(3) **教育勅語の成立**

　1889(明治22)年大日本帝国憲法が公布され、1890(明治23)年地方長官会議は「徳育涵養ノ義ニ付建議」を採択し、「教育ニ関スル勅語」(以後、「教育勅語」と省略)が渙発(かんぱつ)されるようになった。教育勅語は、これまでのさまざまな徳育の在り方をめぐる論争などをふまえ、事態改善のために日本「固有ノ倫理二基」づいた徳育の基本方針の確定と、教科書の選定、授業時間数を増やすなどの施策を建議し、天皇から「教育上の箴言(しんげん)を編むべし」との命が文部大臣に下り発布された。つまり、この教育勅語は、教育についての天皇自身の見解を国民に直接示したものであり、とりわけ道徳教育に対して、国民教育の指導原理を明確にしたものである。

　「教育勅語」発布の翌年1891(明治24)年に公布された小学校教則大綱では、「徳性ノ涵養ハ教育上最モ意ヲ用フヘキモノ」であり、また「修身ハ教育ニ関スル勅語ノ旨趣ニ基キ児童ノ良心ヲ啓発シテ其徳性ヲ涵養シ其人道実践ノ方法ヲ授クルヲ以テ要旨トス」と定められた。つまり、修身は教育勅語の旨趣に基づくべきことが明示され、この修身科を中心とした道徳教育と国民教育が、すべての教育活動において実施されるよう求めるものあった。そして、「教育勅語」の謄本が全国の各学校に配布され、祝日や学校行事には勅語奉読式が行われた。1903(明治36)年、小学校令改正にともない修身科においては国定修身教科書が用いられるようになった。この「教育勅語」は、修身科を中心として学校教育に大きな影響を与えることになり、第二次世界大戦が終わるまで、日本人の精神的基盤を形成したのである。

2　戦後の道徳教育

(1) **修身科の終わり**

　1945(昭和20)年8月15日、日本は無条件降伏の勧告を受け入れ、終戦を迎える。連合国軍最高司令官総司令部(GHQ)は、教育に関するい

くつかの指令を発し、そのうちの一つに「修身、日本歴史及び地理停止ニ関スル件」を示した。この指令によって、修身、日本歴史、地理の教科書や教育課程、さらには、それにかかわる法令、規定、訓令などがすべて禁止された。明治初年にはじまる修身科の授業は中断・排除された。

(2) 公民科構想と道徳教育

　修身の再開が許可されることはなかったが、修身教育に代わり、新しい民主主義的な道徳教育を担うと考えられたのが「公民教育」である。1945（昭和20）年、公民教育刷新委員会が設置され、公民科の新設が提案された。翌年には、公民科の教師向けの解説書『国民学校公民教師用書』も作成された。しかしながら、1947（昭和22）年「教育基本法」が制定され、「教育勅語」の失効決議もなされ、国民学校は廃止され、公民科は実現されることはなかった。

(3) 社会科と道徳教育

　新しい学校制度のもとで、公民科に代わって設置されたのは「社会科」である。1947（昭和22）年「学習指導要領」（試案）において、新たに設置され、その目標に道徳教育の内容が含まれている。しかし、それは科学的かつ合理的な社会認識にもとづいて考え行動することができる人間を育成することをめざすものであった。つまり、社会科が完全に道徳教育の代わりになるというわけではなく、1950（昭和25）年に来日した第2次アメリカ教育使節団報告書には、「道徳教育は、ただ、社会科だけからくるものだと考えるのはまったく無意味である。道徳教育は、全教育課程を通じて、力説されなければならない」と記されている。このように社会科が道徳教育に代わることは弱く、補足するものとしては「ガイダンス（guidance）」導入による生活指導が定着したが、その理念の曖昧さもあり道徳教育の在り方については混乱が生じた。

(4) 道徳の時間の特設と全面主義の道徳教育

1957（昭和32）年文部省および教育課程審議会において、「小・中学校における道徳教育の特設時間について」を中間的な結論として発表した。翌1958（昭和33）年、この見解は審議会の答申に盛られ、「道徳教育の徹底については、学校の教育活動全体を通じて行うという従来の方針は変更すべきではないが、さらに、その徹底を期するためには、新たに、道徳の時間を設け、毎学年、毎週継続して、まとまった指導を行うこと」とされ、教科として取り扱わず「道徳の時間」が特別に設置されることが示された。具体的には、同年改訂の学習指導要領では、小・中学校の教育課程において週1時間以上の「道徳の時間」が定められた。基本的な在り方としては、「教育基本法および学校教育法に定められた教育の根本精神」にもとづき、「学校の教育活動全体」を通して行うものとされた。したがって、「道徳の時間」は、学校の教育活動全体を通して行う道徳教育を「補充し、深化し、統合」するものと位置づけられた。

3　学習指導要領改訂の変遷と道徳教育

道徳の時間の新設後、学習指導要領は以下のように改訂された。

① 1968（昭和43）年の改訂

小・中学校の教育課程が4領域から各教科、道徳、特別活動の3領域に改められた。道徳教育の目標は、従来の目標を受けて「その基礎としての道徳性を養う」という表現が追加され、教育基本法の条文「教育の目的」に示された人格の完成との対比で、道徳教育が道徳的な人格徳性としての「道徳性」の育成をめざすことが改めて明記された。

② 1977（昭和52）年の改訂

道徳の時間の役割の明確化を図る意図のもとで、小学校の目標の中に「道徳的実践力を育成する」ことが明記された。中学校でも、前回の改訂で削除された道徳的実践力の表現が復活し、「人間の生き方についての自

覚を深め、道徳的実践力を育成する」ことが強調される改訂となった。

③ 1989（平成元）年の改訂

1987（昭和62）年の教育課程審議会の答申において示された教育課程改善の方針である「豊かな心をもち、たくましく生きる人間の育成を図る」ことを基本にすえた目標と内容の改善になった。「人間尊重の精神」を生活の中に生かす目標に、「生命に対する畏敬の念」の育成がつけ加わり、自他の人格を尊重し他人を思いやる心を育てることの礎になるとの理解が示された。

④ 1998（平成10）年の改訂

総則の中で「生きる力」を育成することをめざし、児童生徒自らが学び考える力の育成と個性を尊重する教育を充実する必要性が強調された。道徳教育の目標が、「学校の教育活動全体を通じて、道徳的な心情、判断力、実践意欲と態度などの道徳性を養う」ことであると定められた。具体的には、道徳の時間において、「各教科、特別活動および総合的な学習の時間における道徳教育と密接な関連を図りながら、計画的かつ発展的な指導によりこれを補充、深化、統合し、道徳的価値の自覚を深め、道徳的実践力を育成する」ものと定められた。

⑤ 2008（平成20）年の改訂

2006（平成18）年に教育基本法が約60年ぶりに改正され、教育の目的・目標規定等の変更がなされた。2008（平成20）年中央教育審議会答申において、道徳の時間における指導の形式化やその実効性に疑義が唱えられ、さらなる充実を目指し、道徳の教科化が検討された。

2015（平成27）年、わが国の道徳教育は、明治初年の教科である修身科にはじまり、再度「特別の教科　道徳」がはじまることとなった。

【引用・参考文献】
勝部真長・渋川久子編著『道徳教育の歴史―修身科から「道徳」へ―』玉川大学出版部、1984年
林忠幸・堺正之編著『道徳教育の新しい展開―基礎理論をふまえて豊かな道徳授業の創造へ―』東信堂、2009年

（中島朋紀）

コラム❶　道徳科への経緯 —「道徳の時間」から「道徳科」へ—

　今回の道徳の教科化への経緯は、2013（平成25）年2月教育再生実行会議の第一次提言から始まり、同年12月の道徳教育の充実に関する懇談会の報告、2014（平成26）年10月の中央教育審議会道徳教育部会の答申を経て、2015（平成25）年3月学習指導要領改訂および学習指導要領解説書改訂となった。道徳科の指導方法と評価方法に関しては、2016（平成28）年3月「道徳教育に係る評価等の在り方に関する専門会議」の報告書や教師用指導資料で具体的に示された。

　道徳が教科化の端緒となったのは、「いじめの問題等への対応」であった。近年、増加する子どもの悲惨ないじめ・自殺をうけて、従来の道徳教育では、実際の子どもたちの問題行動には十分な対応ができないとの問題意識から、道徳授業に抜本的な改革が求められたのである。

　また、子どもたちの一般的な問題行動としては、基本的な生活習慣の乱れ、規範意識・自尊感情の低下、人間関係の希薄さを改善することも求められてきた。インターネット（SNS）トラブルのような問題に対処するための情報モラル、生・老・病・死などの問題に関わる生命倫理、持続可能な社会をつくるための環境倫理といった今日的課題に対応することも望まれている。さらに、主権者（法）教育、シティズンシップ教育、健康・安全・災害教育、食育、人権教育なども道徳教育と関連づけて学校教育に導入することが検討されている。

　こうした子どもを取り巻くさまざまな現実的な問題に対応するために、「新たな枠組み」によって道徳を教科化することが求められたのである。グローバル化や知識基盤の社会化、情報化が急速に進展して、価値観が多様化していく時代であるが、子どもが安全・安心な教育環境でよりよく生きるための基礎となる道徳性をアクティブ・ラーニングで育てることは、社会的・時代的な要請を伴う喫緊の課題である。

　　　　　　　　　　　　　　　　　　　　　　　　（中島朋紀）

第 2 部

道徳教育の**方法**

第5章 道徳教育の基本方針

1 「特別の教科 道徳」の特質と道徳教育

　2015（平成27）年3月の学習指導要領一部改正により、小学校、中学校の領域としての特設「道徳」が「特別の教科 道徳」（以後は道徳科と略記する）となった。道徳教育は、大きく転換しようとしている。

　道徳とは、特定の集団や社会における価値や規範の総体である。そして道徳教育とは、その価値や規範の総体を子どもたちに内在化させていくものである。つまり、その集団や社会における価値観の形成を推進するものが道徳教育なのである。

　学校における道徳教育の目標は、平成29年3月告示の小学校学習指導要領の総則に、次のように記されている。「道徳教育は、教育基本法及び学校教育法に定められた教育の根本精神に基づき、自己の生き方を考え、主体的な判断の下に行動し、自立した人間として他者と共によりよく生きるための基盤となる道徳性を養うことを目標とする。」

　つまり、道徳性を養うことが道徳教育の目標なのである。その道徳性の中身については、小学校学習指導要領の「第3章 特別の教科 道徳」では、目標として「道徳的な判断力、心情、実践意欲と態度を育てる」と示されている。小中学校における道徳教育は、道徳科を要として学校教育の全体を通して、道徳性を培うことを目標として推進されることになる。

　この道徳性について、2008（平成20）年告示の小学校学習指導要領には「道徳的な心情、判断力、実践意欲と態度などの道徳性を養うこととする」と記されていた。2015（平成27）年の学習指導要領一部改正で成立した道徳科とでは、順序が入れ替わった。中学校においても同様である。道徳科の実施においては、道徳的な心情よりも道徳的な判断力を重

視している。この点について考えてみたい。

　道徳の教科化の発端は、教育再生実行会議の『いじめの問題等への対応について（第一次提言）』であった。いじめの未然防止に向けて、「心と体の調和の取れた人間の育成に社会全体で取り組む。道徳を新たな枠組みによって教科化し、人間性に深く迫る教育を行う」というのが、その提言である。そこから考えると、いじめの未然防止のためにも善悪を判断する力を培うことが期待されたことが推察される。

　教育学者の林　泰成（1959～）は道徳性について、「心情は、いわば、エネルギーを充塡することにたとえることができる。そのエネルギーの向かう的が判断力である」と述べている。道徳的なエネルギーを正しく的に向ける、道徳的な判断力を重視するところに、道徳科の特徴がある。

　さて、従前の道徳の授業実践を振り返ると、教材の登場人物の気持ちを追いながら、心情面に訴えかけ、道徳的価値の自覚を促すパターンが多かった。だが、道徳の授業と実際の生活が乖離してしまうことが多々あったのではないだろうか。林は、「授業では、子どもは、教師が何を教えたいと思っているかを推測し、教師の期待に応えて発言するが、その内容はまったく身についていないことが起こりやすい」と指摘している。

　この指摘は、道徳科の授業の特質の一つである「考え、議論する道徳」に通じるものだと考える。従前の心情面に訴えかける授業ではなく、考え、議論することを通して、道徳的判断力を鍛えようとするところに、道徳科の特質がある。だが、心情面を軽視してはならない。道徳的心情とは、「道徳的な価値の大切さを感じ取り、善を行うことを喜び、悪を憎む感情」であり、「人間としてのよりよい生き方や善を志向する感情」である。つまり、道徳的心情は道徳的実践意欲を高め、それを態度として定着させていくエネルギーなのである。

　道徳科の目標は、前述したように道徳的な判断力、心情、実践意欲と態度といった道徳性を養うことである。この目標は、価値観を形成することを意味している。実際の行動に一番近い実践意欲と態度について

も、それは実際の行為というのではなく、「道徳的価値を実現しようとする意志の働き」であり、「具体的な道徳的行為への身構え」なのである。道徳教育の目標は、あくまでも価値観の形成なのである。

2　「特別の教科 道徳」の内容構成

　では、道徳科の内容について見てみたい。2008（平成20）年の学習指導要領の「道徳」と同様に、道徳科においても、基本的にその内容は小中学校ともに4つに大別されている。「A 主として自分自身に関すること」、「B 主として人との関わりに関すること」、「C 主として集団や社会との関わりに関すること」、「D 主として生命や自然、崇高なものとの関わりに関すること」の4つである。ただし、平成20年の学習指導要領では、Cの内容とDの内容の順序が逆になっている。そして新学習指導要領ではDの内容に、平成20年の学習指導要領になかった「生命」の文言が入っている。生命尊重がより重視されたと考えるべきであろう。以上の内容に沿って、道徳教育は道徳科を要として学校教育の全体を通して進められるのである。

【引用・参考文献】
　教育再生実行会議「いじめの問題等への対応について（第一次提言）」p1. 2013年
　中山博夫「グローバル時代における道徳教育に関する一考察」目白大学人文学研究第14号、2018年
　林泰成『道徳教育論』（放送大学教材）放送大学教育振興会、2009年
　文部科学省「小学校学習指導要領（平成29年告示）」2017年
　文部科学省『小学校学習指導要領』東洋館出版社、2008年
　文部科学省「小学校学習指導要領（平成29年告示）解説 特別の教科 道徳編」廣済堂あかつき、2017年

（中山博夫）

第6章 道徳教育の全体構想 各教科・各領域

A 国語科

1 言葉の力を高める「国語」と「道徳教育」のつながり

　就学までに様々な言語環境の中で、言葉を覚え日常会話ができる程度の力をもって入学する。教科である国語科の目標は、その言葉の力を高めることにある。教材文を記述に即して読み、登場人物や筆者の考えを理解し、自分なりの考えをもつ。そして感想や意見として発表し、さらに考えを深める学習を繰り返している。その学習を通して、言葉で伝え合う力を高めていく。人と人の関係の中で、お互いの立場や考えを尊重しながら話し合いができる力は、教育活動全体で道徳教育を進める上で、基盤となる大切なものである。

　「読む」だけでなく、「話す・聞く」「書く」「言語文化と国語の特質に関する事項」の領域を広く学習して、思考力や表現力を育成することも目標である。例えば、一方的に話すだけでなく他者の話も聞く態度は社会で生きる基本である。自分を理解してもらうにはどんな言葉を選択し、どんな順序で話すかなどを考え、豊かな言葉で自己表現できるようになる。また言葉を通して他者の言葉の中にある気持ちを汲み取ったり物事の状況を正しく理解したりすることができるということである。国語科で培うこの力は、道徳的心情や道徳的判断力を養うための基本となる。

　さらに、教科書には日本の文化に関する教材も多く含まれている。古いものだけでなく現在の日本語の様々な表現にもふれ、豊かな日本語を学んでいく。このことは、道徳の目標にある「伝統と文化を尊重し、それらを育んできたわが国と郷土を愛する態度」に関連する。

　これからの道徳教育、道徳科では、考える道徳、議論する道徳への転換が求められている。そのためにも国語科で「言葉で伝え合う力を養う」ことが必要である。

2　国語科の教材と道徳科の教材

　道徳教育は学校の教育活動全体で進められるものであるから、国語科の学習においても道徳に活用する教材を選択し、関連付けることで効果を上げることができる。

　例えば、国語の「あいさつの言葉」や「敬語」の学習と前後して、道徳の「礼儀」と関連させる。また、国語の『ちいちゃんのかげおくり』（戦争の話）の学習に関連して、道徳で「家族愛・家庭生活の充実」や「生命の尊さ」を扱うことができる。国語の『大造じいさんとがん』（物語）の前後に、「感動・畏敬の念」の内容を扱うことも考えられる。実生活では見えにくい道徳的な価値を学ぶには、時期を同じくして別の教材を選定して学習するのは効果的だろう。

　国語科の学習で調べたことをまとめた資料や意見も道徳の「よりよい学校生活、集団生活の充実」や「国際理解、国際親善」などに活用できる。自分の問題として自己の生き方を考える効果的な教材となる。

　さらに、国語科の「伝統的な言語文化に関する指導」と道徳科の「伝統と文化の尊重、国や郷土を愛する態度」との関連は、より具体的で主体的な学習を展開できそうである。例えば、「むかしばなし」を読んだり紹介したりすることを国語の時間に加えて道徳科で扱えば、子どもたちは昔話の世界を味わう。他にもカルタや俳句、地域に残る民話などもよい教材となり得る。

　このように実践するには、各校で作成する「道徳教育の年間計画」「道徳科の年間指導計画」「国語科の年間指導計画」を相互に関連させて、時期と内容について見通しておくことが大切である。教員の工夫次第で豊かな道徳教育の実践ができる。

【引用・参考文献】
赤堀博行『「特別の教科道徳」で大切なこと』東洋館出版社、2017年
文部科学省「小学校学習指導要領解説　国語編」2018年

（野川智子）

B 社会科

1 社会科と道徳教育の関連

　社会科の目標は、「公民としての資質・能力」を育成することにある。これは、平和で民主的な国家および社会の形成者として主体的に生きる市民・国民を育成することである。つまり、社会科は、日本人としての自覚をもって国際社会で主体的に生きるとともに、持続可能な社会の実現を目指して、よりよい社会の形成に参画する資質・能力の基礎を養うことを目標にしている。

　社会科における「学びに向かう力、人間性等」の育成は、「よりよい社会を考え主体的に問題解決しようとする態度」と、「多角的な思考や理解を通して」涵養される国家及び社会の形成者としての誇りと愛情、自覚である。こうした社会形成に参画する社会的実践力は、自己の生き方について考えさせ、道徳的判断力、道徳的心情、そして道徳的実践意欲・態度の育成を目指す道徳教育とつながるものである。

　社会科の学習内容は、先人の努力、国際平和への貢献など、道徳の内容と直結するものが多い。したがって、日常の授業を通じて常に道徳教育との関連を念頭におくことができる。また、社会科の授業で取り上げた社会的な事象を道徳教育の視点からトピック的に取り上げることも考えられ効果的な学びが展開できる。

2 社会科の特質に応じた道徳的な内容と指導

(1) 社会的な見方・考え方と道徳性の育成

　社会的な見方・考え方は、学習の問題を追究・解決したり、社会的事象の意味や働きなどを考察したりするときの具体的な手立てである。

学習場面では、事実から問題点を発見し、それを追究する価値のある学習問題に高め、自分なりに追究していくことが求められる。こうした学習の積み重ねにより、ものの見方・考え方が身につき、自分の生き方を見通しをもって考えることができる。

　社会に生きる人間の考えは多様であり、道徳的価値の判断も多様であることを子どもたちは学習経験を通して理解している。しかし、社会科の授業では一つの資料から一方的なものの見方・考え方に陥る場合がある。そうならないためには、複数の資料を比較・検討することの大切さや、友達と学び合うことの重要性を指導し、広い立場から、より客観的な価値判断ができるようにしていく態度が求められる。

(2) 道徳的な指導内容との関連性

　地域社会の生活およびその発展に尽くした先人の働きなどについての理解を図り、仕事の様子や働くことの意味や働く人の役割について考えさせるもので、キャリア教育、生き方の教育につながるものである。地域社会に対する誇りと愛情を育てることや日本の国土と歴史に対する理解と愛情を育てることは、伝統と文化を尊重しそれらを育んできた日本とその郷土を愛することなどにつながる。また、国際社会の中で世界の国々の人々と共に生きていく日本人としての誇りと生き方を考えさせるものである。

　国際社会に生きる平和で民主的な国家や社会の形成者としての自覚と、母国を愛する心情をもち、自他の人格を尊重し、社会的義務や責任を重んじ公正に判断しようとする態度や能力などの「公民としての資質・能力」の基礎を養うことは、道徳的価値の内容項目「C 主として集団や社会とのかかわり」についての道徳的な内容につながる。

（中島朋紀）

C 算数科

1 算数科と道徳教育の関連

　算数科の目標は、「日常の事象を数理的に捉え見通しをもち筋道を立てて考察する力」を育成することにある。これは、道徳的判断力の育成にも資するものである。また、「算数で学んだことを生活や学習に活用しようとする態度」を育てることは、工夫して生活や学習しようとする態度を育てることにも資するものである。

　算数科における「学びに向かう力、人間性等」の育成は、「数学的活動の楽しさや数学のよさ」に気づき、「学習をふり返ってよりよい問題解決しようとする態度」を涵養されることである。算数科の指導内容は、理解の遅延やつまずきなど個人差が生じやすい。そのつまずきの克服に配慮するとともに、温かいかかわり合いの中で、学び合えるようにすることが求められる。

　算数の問題を解こうとした時、子どもたちは簡単に解けそうであるという解決の見通し、既習した事柄からの類推、あるいは解けそうでないという不安・戸惑い等に駆られることも少なくはない。とりわけ、問題が解けそうでないとき、過去の経験を振り返ったり、解きやすいように問題の条件を変えたり、あるいは、解けない原因を探ったりすることは、算数の問題解決力をつける上で有効であることはもちろんのこと、子どもたちが出会う様々な課題に取り組む姿勢を培う上でもゆるがせにできない。また自分なりの解決を得た場合、その考えに対して責任をもたせることも重要である。なぜそう考えたのか説明したり、他者を納得させたりすることを通して、自分の考えがより明確になる。それは自分の考えをしっかりともちながら、それに固執することなく、他者の受けとめ方を想像し、他者の気持ちに添って自分の意見を表現することにもつな

がる。これは、議論する道徳にもつながる共通の事柄でもある。

2 算数科の特質に応じた道徳的な内容と指導

(1) 数学的な見方・考え方と道徳性の育成

　数学的な見方・考え方については、数学的な概念やきまり、特徴や関係、構造などに着目することで子どもが主体的に問題解決に取り組むことを重視している。また、論理的に考える、統合的・発展的に考える、さらには関係や対応を考えるなど算数科で大切にすべき思考の仕方を重視していくことで数学的活動の質的向上を目指している。この数学的な見方・考え方は、将来の夢や目標の実現を目指して、その人の行動の仕方や生き方に影響を与えるものである。

　道徳的価値の判断は、個別的、主体的な性格をもっているものであり、計算や方程式の解のようにすっきりとしたものとは限らないことが多い。しかし、自分勝手なものに陥らないようにするためには、その時・その場の状況にふさわしく、誰からも受け入れられるよう、できるだけ合理的・客観的であることも求められる。

(2) 道徳的な指導内容との関連性

　算数科の学習において、見通しを立てる、筋道を立てて考える、いくつかの事例から真理を帰納する、ある事柄から類似場面の対処の仕方を類似する、分かっていることをもとに演繹的に考えを進めたり証明したりすることは、正しい判断の基礎となる事柄・思考内容である。統計的な考えや論理的な思考などの算数科で学習したことは、日常生活の利便性にもつながる。安心な消費生活、安全な環境、公正な判断、社会への奉仕など、道徳的な実践行為にもかかわる。

（中島朋紀）

D 理科

1　理科と道徳教育の関連

　理科の目標は、「自然の物事・現象についての問題を科学的に解決するために必要な資質・能力」を育成することにある。人間に必要な問題解決の能力と科学的な見方・考え方を育てるとともに、自然に関する関心を高め、自然界の事物や現象などの法則を学び、客観的に、合理的に考えたりして科学的精神を養うものである。

　理科における「学びに向かう力、人間性等」の育成は、「自然を愛する心情」を育み、「主体的に問題解決しようとする態度」を養うことである。理科の学習内容は、「自然の事物・現象についての理解を図り、観察、実験などに関する基本的な技能を身につける」ことであるが、知識・技能や思考力の習得状況は個人差が生じやすい。そのつまずきの克服に配慮するとともに、「観察、実験などを行い、問題解決の力を養う」指導の充実に努めることが求められる。

　理科の授業は、子どもと教師が自然（教材）を媒介とした創造活動である。子どもが自然の未知・未経験のものを学習の対象として意識し、それに主体的に働きかけ、そこから新しい経験を構築したり、新たな知を創造したりする一連の活動を、教師と共に創造していくことが重要である。

　理科の授業実践では、教師の専門性や人間性が、授業を進める姿勢や態度にあらわれる。教師は子どもの道徳性の育成に大きな感化を与えることを意識して、日々の修養に努めなければならない。

2 理科の特質に応じた道徳的な内容と指導

(1) 理科の見方・考え方と道徳性の育成

　理科の見方・考え方については、身近な自然の事物・現象を科学的な視点で捉えることである。それは、真理を尊び、自然や崇高なものに畏敬の念をもつ心を育てるものであり、人類にとって価値高いものを求めて生きようとする道徳教育においても重要な学習である。

　理科では、科学的な見方・考え方を育てることを目指し、そこで培われる客観的かつ合理的な見方・考え方は、道徳的価値の判断においても、「物事を多面的・多角的に考える」ことにつながることが期待されるものである。それは、実生活の中でかかわる様々な人や事物、自然などの、あらゆる違いを超えた公平・公正な判断ができる確かな根拠をもたらすものであり、人間としての資質・能力である。

(2) 道徳的な指導内容との関連性

　理科の学習は、感性的な側面から子どもが身近な事物・現象の利用の仕方を見直し、自己の日々の生活をよりよいもの、価値の高いものとすることができるような知識・技能を授けるものになっている。理科の対象となる自然事象とそれを扱う教材・教具などを単に利用するだけの素材・材料ではなく、人間の生活を支えてくれている大切なものであるという考え方が育つような指導、そして人間個人としての倫理性・道徳性をはぐくむ指導が重要である。具体的には、栽培や飼育などの体験活動を通して自然を愛する心情を育てることは、道徳的価値の内容項目における「D主として生命や自然、崇高なものとの関わりに関する」枠組みの生命を尊重し自然を愛護し、自然環境を大切にする態度の育成につながり、「よりよく生きる喜び」へと価値観をはぐくむことにもなる。

（中島朋紀）

E 生活科

1　生活科に道徳教育の視点を

　生活科はその名前が示すとおりに、子どもが生活する中で「具体的な活動や体験を通して、自分と身近な人々、社会及び自然との関わりに関心をもち、自分自身や自分の生活について考えさせるとともに、その過程において生活上必要な習慣や技能を身につけさせ、自立への基礎を養う」ことを目標としている。これらは、道徳的価値の内容である、「A 自分自身に関すること」、「B 人との関わりに関すること」、「C 集団や社会との関わりに関すること」、「D 生命や自然、崇高なものとの関わりに関すること」とほぼ重なり合う。つまり、小学校低学年の子どもの発達に合わせて学校生活や家庭生活、友だちや地域の人との関わりなどを通して、毎日少しずつ、着実に道徳性を身につけるには最適な教科が生活科なのである。

　生活科では、子どもの興味・関心から学習が始まる。誰かの気づきやつぶやきが、みんなの課題となり、活動が広がる。話し合って何かを決めたり、試行錯誤して課題を解決したり、時には自分の納得のいくような方法で表現したりする。

　このような学習展開は、生活科のねらいを明確に理解している教師の指導力に大きく関わる。一見遊びのように見えるが、子どもは願いや思いをもって学んでいる活動を、生活科の学習内容の視点だけでなく、道徳教育の視点との双方向で見取っていくことが大切になる。授業時間に夢中で取り組む姿も、休み時間にまで子どもの意欲や活動が継続することもある。そこに、道徳的価値の自律、責任、個性の伸長、相互理解、勤労、よりよい学校生活、自然愛護など、多くの視点を教師がもつことで、子どもの成長を評価することができる。

2 生活科の体験と道徳的価値の実感

　生活科の学習は、子どもの意欲が学習のエネルギーとなる。そこで、教師は、子どもの興味や関心の程度や方向を把握したり、支援の必要性を見極めたりしながら意欲を持続させる必要がある。子ども一人ひとりへの声かけや学級全体への話の場面などで、教師の言葉遣いや態度は、子どもの考え方や行動に影響を与えていくからだ。つまり、教師にも公正、公平、誠実、礼儀、寛容、相互理解などの道徳的信条と態度が求められる。教師は、自分の役割を自覚しなければならない。

　生活科を通しても広い意味での道徳教育は進められる。道徳科と生活科を関連付けると、子どもにとっては今ある問題の解決に必要な考え方、あるいは自己理解や将来への大切な考え方を身につける機会となる。

　生活科の飼育活動では、その生き物に名前を付けたり飼育環境を整えたりして大事に世話をしてやり、成長する姿に喜んだり、卵を産んで命をつなぐことや死を体験したりする。この体験こそが、道徳科教育で学ぶ命の尊さに実感をもたらす。あいさつや礼儀、感謝などは、インタビュー活動や幼児を学校へ招待するなどの生活科での実践を通して、道徳科の学習で理解したことを実感する。自分の成長を振り返る学習やみんなで取り組む○○会などの内容を道徳科で教材化すると、自分のよさや成長に気づかせることもできるだろう。

　生活科と道徳科の相互の関連を図るとき、それぞれの年間指導計画を作成し、何を教材化するかを判断する教師の力量が問われる。体験中心の学習という特質は生活科の強みである。子どもは、自分の思いや考えを実践したことがあるからこそ、道徳科で知った考え方に実感を伴って補充・深化・統合させることができる。

【引用・参考文献】
　赤堀博行著『「特別の教科道徳で」で大切なこと』東洋館出版社、2017年
　文部科学省「小学校学習指導要領解説　総則編」2017年

（野川智子）

F 音楽科

1 音楽科と道徳教育の関連

　音楽科の目標は、「生活や社会の中の音や音楽と豊かに関わる資質・能力」を育成することにある。子どもたちに音楽を愛好する心情と音楽に対する感性を育てるとともに、音楽活動の基礎的な能力を培ったり伸ばしたりしながら、豊かな情操を養うことにつながる。このような豊かな情操は、人間や生命を尊び、生まれたことや生きることを歓ぶ精神作用であり、道徳教育で目指す道徳性の涵養に資するものである。

　音楽科における「学びに向かう力、人間性等」の育成は、「音楽を愛好する心情と音楽に対する感性」を育み、「音楽に親しむ態度を養い、豊かな情操を培う」ことである。音楽科の学習内容は、音楽表現を工夫する「表現」と音楽を味わって聴く「鑑賞」に分かれる。表現では、子ども個人で習得する音楽活動に必要な表現技能（歌唱・器楽・創作）に関する活動と、友達と役割を分担して一つの表現をする活動とがある。また、鑑賞では、鑑賞教材及び友達の演奏鑑賞とともに子ども個人の活動となる。したがって、個人による活動を充実させようとする態度、また、協力・協働して一つの音楽を創り上げようとする態度の形成が大切である。

　音楽科の授業実践では、教科の特性から音や音楽によって展開される。子どもたちが音楽の授業で身につけた道徳性は、心に残る音楽体験などとして道徳科の授業で扱うことが考えられ、人間的にも音楽的にも豊かな情操・道徳的な心情を育むことができる。

2　音楽科の特質に応じた道徳的な内容と指導

(1)　音楽科の見方・考え方と道徳性の育成

　音楽科の見方・考え方として、「音楽に対する感性を働かせ、音や音楽を、音楽を形づくっている要素とその働きの視点で捉え、自己のイメージや感情、生活や文化などと関連づけること」がある。音楽科の授業では、表現したり鑑賞したりした時に変化した自分の感情を自覚することは、今後子どもが成長していく上で自己表現や自己の形成において極めて重要である。

　音楽科における道徳性の育成には、人間と音楽との関係から生まれた感動的な話や、音楽が人間に与える感性的・精神的な影響とその生き方等を、音楽活動と関連させて扱うことが考えられる。音楽教育の中で、素朴に長く歌い継がれてきたわらべうたや民謡は、先人たちの生活感情・言語感覚（言霊文化）や美意識、風俗・習慣等に心を通わせることにつながり、そこから得られる感情の豊かさがある。

(2)　道徳的な指導内容との関連性

　音楽科の学習では、子どもたちが音楽に満たされ幸せであることを感じる教材研究や授業実践が求められる。その感動や喜びは生きている中で、巡り合う幸せの一つであることを確かめ合い、音楽が人々の感情を豊かにし、生活や社会、伝統と文化などと関連づけることで、幸せを与えてくれるものであることを実感し探求する指導が必要である。

　音楽科を通して豊かな感性を育てることは、美しいものや豊かなものの価値に気づく子どもを育てることにもなる。音楽は人間形成の基層文化の精神と感応し、道徳的情操を高め、結果として、道徳性を覚醒し育成することができるものである。

（中島朋紀）

G 図画工作科

1 図画工作科と道徳教育の関連

　図画工作科の目標は、「生活や社会の中の形や色などと豊かに関わる資質・能力」を育成することにある。図画工作科の授業では、一斉に指導する場面が少なく、自己の規範意識に任せながら意欲的に活動することが求められる。作品を完成させる喜びを味わうこと、またそれにより多くの人から評価されることで次への動機づけを高めることができる。そのため、道徳的価値の内容項目「A 主として自分自身に関すること」である〈希望と勇気、努力と強い意志〉「自分のやるべき勉強や仕事をしっかりと行うこと」を具現化するものであると考える。

　図画工作科における「学びに向かう力、人間性等」の育成は、「つくりだす喜びを味わうとともに、感性」を育み、「楽しく豊かな生活を創造しようとする態度を養い、豊かな情操を培う」ことである。図画工作科の学習内容は、子どもたち一人ひとりが自分の思いや心情・考えを発想・構想し、造形的に具現化する「表現活動」と、表現されたものを自分の価値観でとらえ、よさやおもしろさ、楽しさや美しさ、作者の心情や友達の考えなどを感じ取り、それを伝え味わう「鑑賞活動」がある。これらの活動は、図画工作科の目標と道徳教育には強い関連があるということが理解できる。「美しい価値」を最高軸として自己表現や鑑賞をしていく学習を主としている教科である。つまり、図画工作（美術）科は、「美的価値と人間の生き方および美の味わい」を目指して表現・創造したり味わったりするといった道徳的な価値をもった教育である。図画工作科で扱った内容や教材の中で適切なものを、道徳科の学習に効果的に活用し、道徳科の学習指導で取り上げたことに関係のある内容や教材を図画工作科で扱う場合には、道徳科の学習指導の成果を生かすように工夫す

ることができる。

2 図画工作科の特質に応じた道徳的な内容と指導

(1) 図画工作科の見方・考え方と道徳性の育成

　図画工作科の見方・考え方は、「感性や想像力を働かせ、対象や事象を、形や色などの造形的な視点で捉え、自分のイメージを持ちながら意味や価値をつくりだすこと」と整理されている。発想や構想、創造的な技能、鑑賞などの能力を働かせて、学習活動を展開していく中で道徳性の基盤が養われ、豊かな人間性や創造性を育むことが期待される。

　図画工作科において、つくりだす喜びを味わうようにすることは、美しいものや崇高なものを尊重する心につながるものである。また、造形的な創造による豊かな情操は、道徳性の基盤を養うものである。

(2) 道徳的な指導内容との関連性

　図画工作科の学習では、子どもは、材料に触れて形の感じや質感を捉えたり、材料を見つめながら色の変化に気づいたりするなど対象の特徴を捉えている。同時に対象や自分の行為・表現・鑑賞などに対して自分なりのイメージをもっている。つまり、子どもたちはさまざまな経験の中で自分の価値観を育む。教師の指導においても、美しいものや崇高なものを尊重する意識を持ち続け、それを言語化し、伝え共感する工夫が必要になる。

　道徳とは、一人ひとりの違いを大切な存在価値として認めていくことにある。また、一人ひとりの考えを大切にするとともに他者の考えをも大切にしていくことに道徳教育の原点がある。その意味では、図画工作（美術）科において、子ども一人ひとりの表現の違いとそのよさをめざとく見出し、それを伸ばし共感・承認し合う指導が重要である。

（中島朋紀）

H 家庭科

1　家庭科と道徳教育の関連

　家庭科の目標は、「生活をよりよくしようと工夫する資質・能力」を育成することにある。家庭科の授業では、日常生活に必要な基礎的な知識や技能を身につけ、生活をよりよくしようとする態度を養う。それは、基本的な生活習慣の大切さを理解し、自分の生活を見直すことにつながる。また、家庭生活を大切にする心情を育むことは、家族を敬愛し楽しい家庭をつくり、家族の役に立つことをしようとすることにもつながる。

　家庭科における「学びに向かう力、人間性等」の育成は、「家庭生活を大切する心情」を育み、「家族の一員として、生活をよりよくしようとする工夫する実践的な態度を養う」ことである。家庭生活を大切にする心情を育むことは、それを発展していったところに、社会、地域等とのかかわりが生じてくる。家庭科の学習活動では、「家族・家庭生活」「衣食住の生活」「消費生活・環境」に関する実技等体験を通して活動し、子どもたち個々人が生活の自立に必要な基礎的・基本的な知識及び技術を習得するとともに、課題をもって地域・社会生活をよりよくしようとするグループでの共同作業も多く含まれている。

　学び合う子どもたち同士のかかわり、助け合い、協働する取り組みを温かく援助する学習環境が重要である。そのような学級という支持的・容認的風土が醸し出す家庭的・家族の雰囲気が、子どもの成長に大きくかかわっていく学びでもある。

2 家庭科の特質に応じた道徳的な内容と指導

(1) 家庭科の見方・考え方と道徳性の育成

　家庭科の見方・考え方は、生涯にわたって自立し共に生きる生活を創造するために、「よりよい生活を営むための工夫」として提示されている。学習を深めていく過程において、生活の営みを捉える視点を示し、結果として道徳教育の展開にも寄与していくものである。

　家庭科では、「家庭生活を大切にする心情」として、道徳教育を通して期待される「道徳的心情」の育成につながるものである。これは、家庭生活の中で役割や責任をきちんと果たしながら家庭生活を向上させ、家族相互の関係を良好なものに高めていこうとする意志とのつながりでもある。そのことが、「家族の一員として、生活をよりよくしようとする工夫する実践的な態度を養う」こととして、「道徳的実践意欲・態度」につながるものである。

(2) 道徳的な指導内容との関連性

　家庭科の学習において、家庭生活及び衣食住に関して身につけた基本的な知識・技能は、日々の生活を工夫し創造するための能力として生きて働き、毎日の生活を豊かに変えていくものである。

　このことは、道徳的価値の内容項目「A 主として自分自身に関すること」である〈節度・節制〉「安全に気をつけることや、生活習慣の大切さについて理解し、自分の生活を見直し、節度を守り節制に心掛けること」、〈個性の伸長〉「自分の特徴を知って、短所を改め長所を伸ばすこと」に関連する。また、内容項目「B 主として人との関わりに関すること」である〈感謝〉「日々の生活が家族や過去からの多くの人々の支え合いや助け合いで成り立っていることに感謝し、それに応えること」に深く関連する。

（中島朋紀）

I 体育科

1 体育科と道徳教育の関連

　体育科の目標は、「生涯にわたって心身の健康を保持増進し豊かなスポーツライフを実現するための資質・能力」を育成することにある。体育科の授業では、運動や健康に関する自己の課題の解決に向けて運動したり、集団で楽しくゲームを行なったりすることを通して、粘り強くやり遂げる、ルール・きまりを守る、集団に参加し協力するなどの態度が養われる。また、健康や安全についての理解は、生活習慣の大切さを知り、自分の生活を見直すことにつながるものである。

　体育科における「学びに向かう力、人間性等」の育成は、「運動に親しむとともに健康の保持増進と体力の向上」を目指し、「楽しく明るい生活を営む態度を養う」ことである。運動技能や体力に差があっても、子どもに「身体を動かすことが好き」であり運動欲求を充足させ、その運動固有の楽しさ、魅力を味わわせ深め発展させるように配慮する必要がある。生涯にわたって運動実践を楽しみ、健康の管理、改善に努められる課題解決を図るように、体力の向上と健康の保持増進を考え判断し、他とのコミュニケーションに配慮する学習活動が求められる。

　潜在的カリキュラムの一つといえる教師の態度や行動は、子どもたちに重要な影響を及ぼす。子どもが運動好きになり、学習意欲が喚起されるよう、教育的な人間関係を前提とした指導や授業づくりに配慮する必要がある。

2 体育科の特質に応じた道徳的な内容と指導

(1) 体育科の見方・考え方と道徳性の育成

　体育的な見方・考え方は、「運動やスポーツを、その価値や特性に着目して、楽しさや喜びとともに体力の向上に果たす役割の視点から捉え、道徳教育における健康・安全・生きることの喜びや生命を大切にする道徳的実践意欲・態度を育成すること」にもかかわっているといえる。

　体育科では、運動や健康に関する課題を発見し、その課題を図る主体的・協働的な学習活動を通して、「他者に伝える力」を育成する。ルールやマナーを守り、友達からの励ましの声かけ、子ども同士の助け合い、励まし合い、認め合い、高め合い等がなされ、道徳教育との関連が図られる。運動に親しむ資質・能力には、運動の特性にかかわる人間関係が望まれ、「体育は生きた道徳教育の学びの場」でもある。

(2) 道徳的な指導内容との関連性

　体育科の授業実践において、運動や健康に関する内容を実践的に理解することが重要なことである。指導上の配慮では、子どもが受け身的、強制的にそれらを習得するのではなく、主体的・協働的・対話的な学習を通して心と体が一体となった学びを展開し、生涯にわたっての豊かなスポーツライフを実現する資質・能力を育成することが大切である。

　運動学習では、各種運動のルール・マナーの学習があり、倫理的側面に配慮した適切な指導が求められ、フェアプレイや倫理的行動の重要性を学ぶことができる。また、仲間との協力なしには達成できない集団的・冒険的運動では、個々人のチャレンジ精神、集団での創意・工夫、課題解決、成功体験・肯定的相互作用、評価など、学習集団の凝集性、規範的態度やコミュニケーションスキルを高める指導が可能である。

（中島朋紀）

J 外国語科（小学校第5学年・第6学年）

1　外国語科と道徳教育の関連

　学習指導要領の改訂により、小学校高学年（第5学年・第6学年）において、「外国語」を教科として導入することとなった。外国語科の目標は、「コミュニケーションを図る基礎となる資質・能力」を育成することにある。コミュニケーション能力の育成には、コミュニケーションへの積極的な態度が重要である。積極的に自分の考えを相手に伝えようとしたり、相手の考えを理解しようとしたりするなどのコミュニケーションを図ろうとする基礎的な技能を身につけることを目指している。

　外国語科における「学びに向かう力、人間性等」の育成は、「外国語の背景にある文化に対する理解を深め」るとともに、「他者に配慮しながら、主体的に外国語を用いてコミュニケーションを図ろうとする態度を養う」ことである。具体的には、外国語と日本語の違いに気づき、理解するとともに、聞くこと、話すこと、読むこと、書くことという実際のコミュニケーションの基礎的な技能を学習する。他者との適切なコミュニケーションが図られ、ともに満足し相手との充実した交流を実感させる学びの展開が重要である。

　外国語科の目標の柱は、人と人とのコミュニケーションの量を増やし、質を深めることであると捉えることができる。他の人や集団・社会とのかかわりを深め、それぞれの個性や立場を尊重し、国際的視野に立って物事を捉え、考えたりすることにもつなげられる指導が求められる。

2 外国語科の特質に応じた道徳的な内容と指導

(1) 外国語科の見方・考え方と道徳性の育成

　外国語科における見方・考え方は、外国語を通して、「聞いたり話したり、加えて読んだり書いたりしながらコミュニケーション能力の基礎を養う」こととなる。自分の思いを伝え、根拠をもって考えを説明し、また同時に相手の思いや考えを受けとめ理解することにおいて、日常生活で実践的に生かせるようになることが望まれる。

　子どもたちが生き生きとコミュニケーションを図る姿に確実につながっていくことは、やってみた（「なすことによって学ぶ」"Learning by Doing"）からこそ、実感し学ぶことができる。外国語の学習を通して、子どもたちが自分の立場で自分の気持ちや考えを伝え合う活動になるよう「自他を大切にし、進んで互いの思いや考えを伝え合う人格的な交わり（Communication）」を道徳的にも構築していきたい。

(2) 道徳的な指導内容との関連性

　外国語科で身につけた能力や理解、価値への考え方は、日常生活で実践的に活用されることにより、深められ、高められる。授業実践において、多様な文化を受容する態度を育て、よりよい生き方の幅をもたせるような指導が求められる。外国語科の柱である人と人とのコミュニケーションは、道徳的価値の判断と共通している。他とのコミュニケーションを通して、道徳的価値の内容項目「B 主として人との関わりに関すること」、「C 主として集団や社会との関わりに関すること」の内容と関連づけられる。例えば、B(11)〈相互理解、寛容〉「自分の考えや意見を相手に伝えるとともに、謙虚な心をもち、広い心で自分と異なる意見や立場を尊重する」指導において、共通して道徳科の授業においてもその価値を確認することができる。

（中島朋紀）

K 外国語活動（小学校第3学年・第4学年）

1 外国語活動と道徳教育の関連

　今回の学習指導要領の改訂により、外国語活動は小学校中学年（第3学年・第4学年）に移行され、新しく小学校高学年に教科型の学習として設定された「小学校外国語」につなげることを意図して導入された。外国語活動の目標は、「コミュニケーションを図る素地となる資質・能力」を育成することにある。外国語の音声にふれることにより、注意深く聞いて相手の思いを理解しようとしたり、相手に対して自分の思いを伝えることの難しさや大切さを実感したりしながら、積極的に思いを伝えようとする態度など、体験を通してさまざまなコミュニケーションにふれさせることが大切である。

　外国語活動における「学びに向かう力、人間性等」の育成は、「言語やその背景にある文化に対する理解を深め」るとともに、「相手に配慮しながら、主体的に外国語を用いてコミュニケーションを図ろうとする態度を養う」ことである。小学校中学年で初めて外国語にふれることや、「聞くこと」「話すこと」を中心にコミュニケーションを図ること体験をすることから、友達・仲間が「相手」「他者」となる。身近な他の人である友達・仲間とのかかわりや集団や社会とのかかわりを深めるコミュニケーションの体験的な学習が重要である。

　子どもの柔軟な適応力を生かして、子どもが言語活動に主体的に取り組むことは、外国語によるコミュニケーションを図る素地及び基礎となる資質・能力を身につける上で不可欠である。子どもが興味をもって取り組む言語活動やコミュニケーションがとれるような指導の工夫が求められる。

2 外国語活動の特質に応じた道徳的な内容と指導

(1) 外国語活動の見方・考え方と道徳性の育成

　外国語活動における見方・考え方は、外国語を通して、「聞いたり話したりしながらコミュニケーション能力の素地を養う」ことである。自分のことや身近で簡単な事柄について、簡単な語句や基本的な表現を使って、相手に配慮しながら交流し伝え合うことは、道徳教育にも大きくかかわる内容である。

　個別的、主体的な性格をもつ道徳的な価値判断は、外国語活動や外国語科の柱であるコミュニケーションに共通している。「相手」「他者」を意識しながら学ぶ外国語活動の学習を通して、相手に配慮し受け入れる寛容の精神や平和・国際貢献などの精神を学び、多様な言語や文化への理解を深めながら、日本人としての自覚や親善に努めることにつながる指導が期待される。

(2) 道徳的な指導内容との関連性

　子どもの興味・関心が高い遊びを題材として、子どもが言ってみたい、聞いてみたいという思いをより高めて、思いを伝え合うようにすることが大切である。また、世界の様々な国の遊びを提供し、世界の子どもたちと自分たちの生活の共通点や相違点に気づき、多様性を受けとめる素地を育てることも重要である。

　コミュニケーションを通して、道徳的価値の内容項目「B 主として人との関わりに関すること」、「C 主として集団や社会との関わりに関すること」の内容と関連づけられる。例えば、中学年 C ⒄〈国際理解・国際親善〉「他国の人々や文化に親しみ、関心をもつ」指導において、教科書の題材や外国人の話を通して、他国文化や習慣について内容を深めることができる。

（中島朋紀）

L 総合的な学習の時間

1 総合的な学習の時間と道徳教育の関連

　総合的な学習の時間の目標は、「自己の生き方を考えていくための資質・能力」を育成することにある。これは、全ての学習領域において必要となる資質・能力のことであり、教科を超えて育てるべきものである。つまり、「全ての学習の基盤として育まれ活用される力」として論じられ、実生活・実社会から見出される問題・課題をよりよく解決することができる資質・能力である。自己の生き方を考えることができるようにするとともに、道徳的判断力や道徳的心情を育成することにかかわる。また、総合的な学習の時間の主体的な探究活動がよりよい生活や学習を求める態度を育てることにもかかわる。

　総合的な学習の時間における「学びに向かう力、人間性等」の育成は、「探究的な学習に主体的・協働的に取り組む」態度とともに、「互いのよさを生かしながら、積極的に社会に参画しようとする態度を養う」ことである。総合的な学習の時間は、多様な道徳的価値を含んだ課題を自己の課題として設定し主体的に学習することを大切にするが、協働的（協同的）な学びも重視している。共通する課題の追究に協力して取り組み、課題追究の過程では相互に学び合いや助け合いが行われるように配慮する必要がある。

　総合的な学習における探究する主題・課題については、子どものものの見方や考え方、心の成長に大きくかかわることに配慮し、子どもとともに追究したり自己の生き方や人間としての生き方をともに考えたりする態度や課題について考え判断する専門性などが求められる。

2 総合的な学習の時間の特質に応じた道徳的な内容と指導

(1) 総合的な学習の時間における見方・考え方と道徳性の育成

　総合的な学習の時間の特質に応じて育まれる見方・考え方は「広範な事象を多様な角度から俯瞰して捉え、実社会や実生活の文脈や自己の生き方と関連づけて問い続けること」である。また、「探究的な見方・考え方」を働かせ、道徳的価値を実感したり考えたりすることができる。

　総合的な学習の課題設定や課題追究、まとめや表現の活動を通して、その活動の意味や価値を考えることは、「自己の生き方を考えていく」ことにつながり、その際に扱う意味や価値は道徳的判断力や道徳的心情と深い関連がある。また、道徳的価値の内容と深く関わっている。

(2) 道徳的な指導内容との関連性

　総合的な学習の時間では、「1. 課題の設定→2. 情報の収集→3. 整理・分析→4. まとめ・表現」という探究の過程を通して、自己の在り方生き方を考えていくための資質・能力を育成する。「自己の生き方を考える」とは以下の3つのことである。

・人や社会、自然とのかかわりにおいて、自らの生活や行動について考えること。
・自分にとっての学ぶことの意味や価値を考えること。
・学んだことを現在及び将来の自己の生き方につなげて考えること。

　「自己の生き方を考える」汎用的な資質・能力は、各教科の見方・考え方を全て用いる学習の場を提供し、さらにそれをメタ認知して改善し続けることも学習内容となる。人間として生きる課題追究、探究活動の意味や価値は、「より善い生き方を考えること」につながり、子どもたちの「生きる力」を全人的な力として生成する道徳教育と深く関連する。

（中島朋紀）

M 特別活動

1 道徳科と特別活動の関連

2017（平成29）年3月告示の学習指導要領では、**図表6M-1**のように、特別の教科である道徳（以下「道徳科」という）と特別活動の目標に「よりよく」「自己（人間として）の生き方についての考えを深める」という表現が共通に示されている。

図表6M-1 道徳科と特別活動の目標

道徳科の目標	特別活動の目標（抜粋）
第1章総則の第1の2の（2）に示す道徳教育の目標に基づき、よりよく生きるための基盤となる道徳性を養うため、道徳的諸価値についての理解を基に、自己を見つめ、物事を（広い視野から）多面的・多角的に考え、自己（人間として）の生き方についての考えを深める学習を通して、道徳的な判断力、心情、実践意欲と態度を育てる。	集団や社会の形成者としての見方・考え方を働かせ、様々な集団活動に自主的、実践的に取り組み、互いのよさや可能性を発揮しながら集団や自己の生活上の課題を解決することを通して、次のとおり資質・能力を育成することを目指す。※（1）（2）は省略。 （3）自主的、実践的な集団活動を通して身に付けたことを生かして、集団や社会における生活及び人間関係をよりよく形成するとともに、自己（人間として）の生き方についての考えを深め、自己実現を図ろうとする態度を養う。

出典：筆者作成（括弧内は中学校、下線は筆者）

　道徳科では、道徳的な判断力、心情、実践意欲と態度を育て、道徳的な実践に関わる価値を子どもたちの内面に育み、特別活動は、道徳的価値を含む望ましい集団活動を通して、自主的、実践的な態度の育成を目指す道徳的実践の場である。それぞれのねらいや特質を踏まえ、適切な指導をしていくことが求められている。

2 道徳科と特別活動の関連を生かした指導事例

　道徳的な判断力、心情、実践意欲と態度等の内面的資質を「心のエネルギー」、道徳的実践を「行動のエネルギー」と名付け、両者を響き合わせて子どもたちの道徳性を高めている小学校がある。例えば学級活動（2）において、次のような指導を実践した。

「学級活動（2）『清掃』の実践と同時期に、道徳の時間に『みんなに奉仕する心とは』として授業を行い、人のために動くことの意義について考えさせた。『心のエネルギー』を醸成する日々の道徳の時間を大切にしながら、『行動のエネルギー』を生み出す特別活動を積み重ねることが重要である。二つのエネルギーの間を行ったり来たり（往還）しながら児童の道徳性は高まっていく。」（『道徳と特別活動』2015年）。

このような往還と響き合いは、学級活動（1）においても、集団として合意形成するために相手の意見を尊重しながら折り合いを付けたり、提案理由に盛り込まれた価値を確認したり、「振り返り」の場面で自己の生き方についての考えを深めたりする活動でも見ることができる。

また、特別活動として行った共有の体験を道徳授業の導入に用いることや、学校行事等を実施する際に、育てたい道徳の内容項目を意識させることも効果的な指導と言えよう。**図表6M-2**は、大学生に宿泊体験の例文を読ませ、そこに内包される道徳的価値について記述させた一部である。この作業により、集団活動や体験活動が果たす意義を理解し、道徳性を意識して指導に当たる必要性を考えさせた。集団生活が、自己の生き方について課題を持ったり考えを深めたりして道徳的価値を実感できる道徳的実践の場となるよう、道徳科と特別活動を基盤とした指導の充実を図っていくことが大切である。

図表6M-2　特別活動と育てたい道徳性

特別活動の実践内容	関連する道徳の内容項目の記入例
・修学旅行先の景色の色合いも鮮やかで…中禅寺湖の遊覧船上から見た湖面に青々とした男体山が映り、心地良い揺れも楽しめた乗船でした…。	・「自然愛護」 　自分たちが住んでいる場所とは異なる自然の趣深さに気付き、大切にする心を育む。 ・「規則の尊重」 　遊覧船には学校の修学旅行とは別の一般の乗客もいるため、公共機関を利用するときのマナーやルールを学ぶようにする。

出典：筆者作成

【引用・参考文献】

荒木隆伸「学級活動と道徳の時間との往還的な授業づくり」『道徳と特別活動』Vol.32、文渓堂、2015年
文部科学省「小学校学習指導要領解説　特別の教科　道徳編」2017年
文部科学省「小学校学習指導要領解説　特別活動編」2017年

（鈴木敦子）

第7章 道徳教育の指導内容・計画

1　道徳教育の指導内容

　道徳教育の指導内容は、児童生徒が「人間として他者とよりよく生きていく上で学ぶことが必要と考えられる道徳的価値を含む内容」である。内容項目は児童生徒自らが「道徳性を養うための手掛かりとなるもの」である。これらの内容項目（学習指導要領「第3章特別の教科道徳」の「第2内容」に示す）は、児童生徒の発達段階や児童生徒を取り巻く状況を考慮して、小学校1・2学年19項目、小学校3・4学年20項目、小学校5・6学年22項目、中学校22項目の4学年・学校段階に区分されている。

　内容項目は、児童生徒のみならず教師にとっても「道徳的価値を基に自己を見つめ、物事も多面的・多角的に考え、自己の生き方についての考えを深める」ことができる。人間としてのより善い生き方を求め、ともに考え、ともに議論し合い、その実効に努めるための共通の課題である。教師は道徳的価値の自覚を深める指導を通して、児童生徒自らがふり返って自己の成長を実感したり、自己の生き方や人間としての生き方についての考えを深めたりする学習ができるように工夫する必要がある。

2　道徳教育の全体計画

　学校における道徳教育は、特別の教科である道徳を要として学校の教育活動を通して、児童生徒一人ひとりの道徳性を養うものである。また、道徳教育の目標を達成するための方策を総合的に示す教育計画である。

3　道徳科の年間指導計画

　基本的な道徳科の授業では、1単位時間に主として扱う内容項目は一つである。指導計画については年間35時間(小学校1学年のみ年間34時間)の授業時数を用いて、すべての内容項目を必ず学習し、重点的に指導する内容項目は複数時間指導したり、関連する内容項目を年間指導計画に適切に配置したりすることが必要である。また、重点的に指導する内容項目は、道徳科の授業は基より、各教科や学校行事などとも意図的・計画的に関連を図ることによって一層効果的な指導が期待できる(**図表 7-2** 参照)。

4　年間指導計画の内容

　年間指導計画は、各学校において道徳科の授業を計画的に、発展的に行うための指針となるものであり、その作成に当たっては、各学校の創意工夫が求められる。作成の際には、まず年間指導計画の意義に基づき、各学年の基本方針を明らかにする。各学年の基本方針には、道徳教育の全体計画に示されている道徳教育の目標に基づき、道徳科における指導の重点や指導の工夫の在り方について具体的に示す必要がある。より機能しやすい年間指導計画とするためには、学級相互、学年相互の教師間の研修、各教科や各領域の学び相互の関連構想を立て、道徳教育推進教師を中心とした全教師による協力体制のもと改善・充実を図ることが必要である（**図表 7-1** 参照）。

【引用・参考文献】
　勝部真長・渋川久子編著『道徳教育の歴史―修身科から「道徳」へ―』玉川大学出版部、1984年
　林忠幸・堺正之編著『道徳教育の新しい展開―基礎理論をふまえて豊かな道徳授業の創造へ―』東信堂、2009年

図表7-1 年間指導計画 6学年

月	月目標	行事	回	週	主題名	資料名	内容項目	指導内容（価値）
4	笑顔で挨拶	始業式 入学式 新入生歓迎会 発育測定		1				
				2				
			1	3	楽しいおしゃべり	おしゃべりゲーム	B(11) 相互理解	聞くことの大切さを知り、自分と異なる意見や立場を大切にしようとする態度を養う。
			2	4	真心で接しよう	気持ちと言葉	B(9) 礼儀	常に礼儀正しく、真心をもって人に接する態度を養う。
5	整理・整頓 美化・清掃	春の遠足（1〜5年） 修学旅行 緊急時地区別集会	3	1	マナーよく	いただきます	B(9) 礼儀	暮らしの知恵を学び、日常生活のマナーを身につけようとする心情を育てる。
			4	2	思いやり親切	私たち道徳	B(7) 思いやり・親切	相手のことを考え、誰に対しても細かく思いやりの心をもち、親切にしようとする心情を養う。
			5	3	信頼できる友達	博ž君の逆上がり	B(10) 信頼	互いに信頼し、助け合って友情を深め、仲良く協力して助け合う態度を養う。
			6	4	広い心	割りきれない気持ち	B(11) 寛容	広い心で、人の気持ちや立場を理解し、自分と異なる意見や立場を大切にしようとする態度を養う。
6	一分一秒を大切に		7	1	公徳心	いらなくなったきまり	C(12) 規則の尊重	ルールを決めるかが決まらないかを話し合ったり、選子や明子の気持ちを考えたりすることを通して、みんなのために自分ができることを実践しようとする心情を育てる。
		運動会	8	2	友を思う心	友の肖像画	B(15) 友情	友達を信頼し、互いに励まし合って友情を深め、真の友情を育てていこうとする心情を育てる。
						中略		
2	礼に始まり 礼に終わる	音楽会 卒業生神・記念講演 6年生を送る会	32	2	大切な命	太平洋に立つ	D(19) 生命の尊重	人の命は、人種や国籍にかかわらず尊いものであることに気づき、差別することなく、生命を尊重しようとする心情を育てる。
			33	3	自分の長所	勇太への宿題	A(4) 個性の伸長	自分の特徴を知り、良いところを求め、悪いところを伸ばす態度を養う。
			34	4	夢に向かって	サッカープレイヤー	A(5) 希望と勇気、努力	挫折や困難に負けずに、夢や目標に向かって真撃に自分を高めるようにする態度を育てる。
3	温故知新 新たな目標	卒業式	35	1	家族への愛	最後の手紙	C(15) 家族愛	日航123便ジャンボ機墜落の事故（1985年8月12日）で亡くなった被害者（お父さん）が家族に向けて書いた遺書「最後の手紙」に託された思いを話し合い、家族の愛情を深く感じる。

出典：筆者作成

図表7-2 道徳教育の全体計画（鎌倉女子大学初等部）

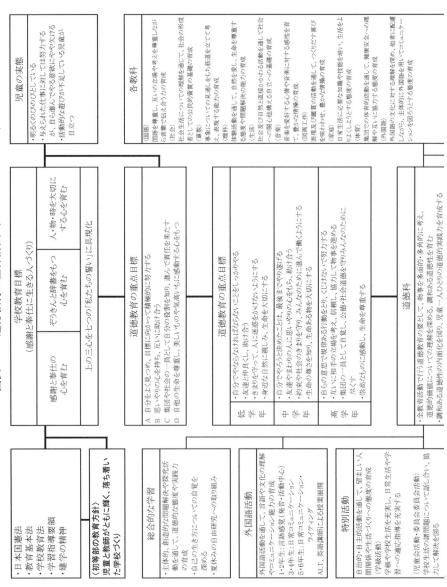

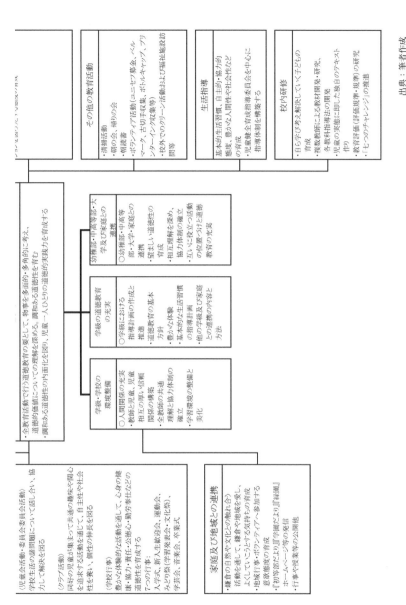

第2部　第7章●道徳教育の指導内容・計画

第8章 道徳教育における教材研究の方法

1　道徳教育における「教材」とは

　学校の教育活動全体を通じて行う道徳教育における教材研究を検討していく場合は、各教科・各領域との関連で道徳意識の流れを考え、道徳性を養うことに資する教材研究ができる。また、道徳的実践の指導が一層充実するような特別活動の内容研究も考えることができる。2015（平成27）年3月に従来の「道徳の時間」が「特別の教科　道徳」（以下、道徳科）として新たに位置づけられ、検定教科書（教用図書）を用いるようになった。

　教科化以前の道徳の時間の指導においては、教材である読み物（副読本）は従来「資料」「道徳資料」という呼び方が定着していた。従来の学校の教育課程を構成している各教科、道徳および特別活動、総合的な学習の時間、外国語活動において、各教科以外は「領域」と呼び区別されている。それに応じて、教科の教材とは異なることを示すために、あえて資料という言葉を用いた。長い歴史をもつ各教科の教材研究とは異なり、道徳の時間における教材研究は、歴史的な積み重ねが十分ではない。そのため、各教科の教材と同じように教材と呼ぶには躊躇があり、単に一つの素材にすぎないという考えが強く、道徳の時間の資料という扱いが定番となった。また、教科の教材が単元と呼ばれる一定の指導の系統性・序列性のもとに配列されているのに対して、道徳の資料には序列的な単元性がないという特徴をもっている。

　道徳教育における「資料が教育的な立場から精選され、客観化され、教育プログラムの中に位置づけられるようになった」ときには、他の教科同様、本来の意味での「教材」となるであろう。それに対して、教育活動全体を通じて行う道徳教育、そしてその要となる道徳科の学習では、

特別の「教材」として考えてさしつかえないであろう。道徳科と位置づけられた現在では道徳教材であり、子どもの道徳性を育成するために適した教材（教科書）である。

2 道徳授業に用いられる教材の要件

　授業は、いずれの教科・領域であっても、児童生徒と教師とがともに教材の学習を媒介にして結びつく活動であり、いわば児童生徒の学習活動と教師の指導・支援活動との相互作用・行為連関である。道徳科の学習指導、すなわち道徳授業では、児童生徒の道徳意識や道徳的生活の実態を的確に把握し、指導のねらいを設定する。ねらいは道徳の内容に示されている内容項目を基準として設定する。そして、このねらいを達成するためには、教育的な場から道徳の「教材」が精選される。この教材をめぐって、児童生徒と教師とがともに人間としてのより善い生き方を追求するのが、道徳の授業である。

　道徳授業に用いられる教材の要件として、次の点を満たすことが大切である。
ア　児童生徒の発達に即し、ねらいを達成するのにふさわしいものであること。
イ　人間尊重の精神にかなうものであって、悩みや葛藤等の心の揺れ、人間関係の理解等の課題を含め、児童生徒が深く考えることができ、人間としてよりよく生きる喜びや勇気を与えられるものであること。
ウ　多様な見方や考え方のできる事柄を取り扱う場合には、特定の見方や考え方に偏った取扱いがなされていないものであること。

　道徳科では、児童生徒がさまざまな場面で道徳的価値についての理解を基に道徳性を養うことができるような指導を行うことが重要である。そして、授業が学習指導要領に基づいて行なわれるものであることから、授業で活用する教材は教育基本法や学校教育法その他の法令はもとより、

学習指導要領に準拠したものが求められる。したがって、生かされる教材は、児童生徒が道徳的価値の理解をもとに自己を見つめ、物事を多面的かつ多角的に考え、また自己の生き方や人間としての生き方についての考えを深める学習に資するものでなければならない。また、その教材は、児童生徒が人間としての在りようや生き方などについて多様に感じまた考えを深め、互いに学び合う共通の素材としての重要な役割をもつものである。

3　多様な教材を活用した創意工夫ある指導

　道徳科においては、主たる教材として教科書を使用しなければならないが、道徳教育の特性を鑑みれば、学校や地域の実態に応じて、現代的な課題を取り上げた題材や郷土の特色を生かした地域教材など、多様な教材を併せて活用することが重要となる。具体的には、生命の尊厳、自然、伝統と文化、先人の伝記、スポーツ、情報化への対応などの現代的な課題などを題材として、児童生徒が問題意識をもって多面的かつ多角的に考えたり、感動を覚えたりするような充実した教材の開発や活用が求められる。

　開発した教材は、授業の展開の中心に位置づける教材として扱うものばかりではなく、補助的な教材として扱うことも考えて活用していきたい。例えば、教科書の教材だけを取り上げた場合よりも、開発した教材を併せて授業を行った方が、授業の内容に深みや奥行ができたり、話し合いの視点が広がったりする効果が期待できる。開発した教材は、児童生徒にとって特に身近なものに感じられ、教材に親しみながらねらいとする道徳的価値について考えを深めることができる。

　また、児童生徒に提示する教材の形態も多様なものが考えられる。古典、随想、民話、詩歌などの読み物、映像ソフト、映像メディアなど情報通信ネットワークを利用した教材、実話、写真、劇、漫画、紙芝居などの多彩な形式の教材が考えられる。このような教材が多様に開発されることを通して、その生かし方も創意あるものとなり、授業の展開についてもその

積極的な活用・創意工夫が促される。これらの授業をよりよいものへ改善していこうとする教師の姿勢は、児童生徒の積極的な授業への参加・取り組みにもつながっていくことが期待される。

4 教材研究の姿勢

　道徳授業でよく用いられる教材は、「読み物教材」である。その読み物教材には、他者のものの見方、考え方、感じ方、生き方が描かれており、それを手がかりにして、児童生徒は自らを振り返り、考えを深め自分の生き方や人間としての生き方を創り出していくようになっている。しかし、教師はある価値観念に導かれて編集された読み物教材を媒介に、さまざまな方法を用いて児童生徒にその道徳的価値の内面化を図ろうとするが、その意に反して、結果的には価値の教え込みに陥っていったり、まず教師が道徳内容や教材を問うことを怠り教師の安易な使用になったりすることは避けたいものである。

(1) 教材分析の方法

　教材は、指導のねらいを達成するためのものである。一般に、教材にはいくつかの道徳的価値が含まれるので、指導のねらいを明確にしておくことは大切である。

　教材分析には、第一にねらいとする道徳的価値の観点から教材の内容をどう解釈するかという指導内容からの分析と、第二にその資料を用いて、児童生徒にどのように考えさせ感じとらせるか、そのためにどんな発問を組み立てるかという指導方法からの分析が考えられる。この両面からの分析は、授業構成、授業設計の上できわめて重要である。

(2) 主題・ねらいの構成

　道徳授業の主題は、指導を行うにあたって、何をねらいとし、どのよう

に教材を活用するかを構成する指導のまとまりを示すものであり、「ねらい」とそれを達成するための「教材」によって構成される。主題・ねらいを構成する観点としておさえておかなければならない事柄としては、次のようなことが考えられる。

　①なぜ、この時期に、このねらいで指導するのか。
　　・ねらいが、児童生徒の発達や実態とどのように関連しているか。
　　・ねらいを、児童生徒に身につけさせる必要性は何か。
　②なぜ、この教材で指導するのか。
　　・教材をどのように使ってねらいに迫るのか。
　　・児童生徒の生活や体験とどのようなかかわりがあるのか。

このように、ねらいと教材の両面から、主題構成の意図を明確にしておくことが必要である。

(3) 道徳授業と教材選択

道徳教材とは、教師の合意に基づいて計画的に道徳授業において用いられて、児童生徒のみならず教師もともに道徳性を深めるための媒体である。したがって、それは道徳的価値を含み、その価値を内面化させる手立てを内包しているものである。道徳授業では、教材をうまく活用して、人間の具体的な生き方に触れながら、自己を見つめ、道徳的価値の理解や内面的自覚を培うことをねらいとしている。人間の本来的な生き方が追究できたり、さまざまな疑似体験ができたりする真に具体的なよい教材の選択が要請される。

【引用・参考文献】
林忠幸『体験的活動の理論と展開―「生きる力」を育む教育実践のために―』東信堂、2001年
文部科学省『小学校学習指導要領(平成29年告示)解説 特別の教科道徳編』廣済堂あかつき、2017年

(中島朋紀)

第9章 道徳授業研究の方法

1 これからの道徳指導と道徳授業の在り方について

「読む道徳」から「考え、議論する道徳」へ質的転換を図る道徳科では、「児童生徒自らが考え、理解し、主体的に学習に取り組むことができるようにすること」「児童生徒が多様な感じ方や考え方に接する中で、考えを深め、判断し、表現する力などを育むこと」「多様な見方や考え方のできる事柄について、特定の見方や考え方に偏った指導を行うことのないようにすること」など、子どもが考えること、そして子どもの主体性と多様な見方・考え方がしきりに強調されている。質的転換を図っていくためには、価値観への対立や答えが一つでない道徳的問題を子どもが自分自身の問題としてとらえて、向き合い、考え続けることが重要である。さらに道徳教育の指導に関する基本姿勢について、「特定の価値観を押し付けたり、主体性をもたず言われるままに行動するように指導したりすることは、道徳教育が目指す方向の対極にあるものと言わなければならない」としている。つまり、「自立した人間として他者と共によりよく生きるための基盤となる」ものが道徳性であり、その道徳性を主体的に子ども自らが養うべき指導が求められるのである。従来からの道徳性は子ども自らが養うものであるということに変わりはないが、今回の新学習指導要領では学習者の主体性がより強調されている。むろん人間の生き方や在り方、価値観にかかわる内容は、安直に解は一つに限定されるものではない。

また、従来の道徳授業においても、読み物教材を用いて単に登場人物の心情を理解することに偏った「読む道徳」から脱却を図り、道徳上の問題に対して自分ならどのように行動するのかを「考え、議論する道徳」への質的転換が求められる。多様で質の高い指導方法を積極的に導入す

ることが求められ、「児童生徒の発達の段階や特性等を考慮し、指導のねらいに即して、問題解決的な学習、道徳的行為に関する体験的な学習等を適切に取り入れるなど、指導方法を工夫する」と例示されている。道徳科においては、道徳観の目標に示された学習を通して、さまざまな場面、状況において、道徳的価値を実現するための問題状況を把握し、適切な行為を主体的に選択し、実践できるような資質・能力を育てることが求められ、教師はそのような授業改善を図っていく必要がある。

2 道徳科における質の高い多様な指導法

2016（平成28）年７月、「道徳教育に係る評価等の在り方に関する専門会議」において、質の高い指導方法が次のように例示された。

①読み物教材の人物への自我関与が中心の学習
　教材の登場人物の判断と心情を自分との関わりにおいて多面的・多角的に考えることを通し、道徳的諸価値の理解を深めることについて効果的な指導方法であり、登場人物に自分を投影して、その判断や心情を考えることにより、道徳的価値の理解を深めることができる。

②問題解決的な学習
　児童生徒一人一人が生きる上で出会うさまざまな道徳的諸価値に関わる問題や課題を主体的に解決するために必要な資質・能力を養うことができる。
　問題場面について児童生徒自身の考えの根拠を問う発問や、問題場面を実際の自分に当てはめて考えてみることを促す発問、問題場面における道徳的価値の意味を考えさせる発問などによって、道徳的価値を実現するための資質・能力を養うことができる。

③道徳的行為に関する体験的な学習
　役割演技などの体験的な学習を通して、実際の問題場面を実感を伴って理解することを通して、さまざまな問題や課題を主体的に解決するために必要な資質・能力を養うことができる。
　問題場面を実際に体験してみること、また、それに対して自分ならどういう行動をとるかという問題解決のために役割演技を通して、道徳的価値を実現するための資質・能力を養うことができる。

　ここに示された３つの指導方法は一例であり、指導方法はこれらに限

定されるものではない。道徳科を指導する教師が学習指導要領の趣旨をしっかり把握した上で、学校の実態、子どもの実態を踏まえ、授業の主題やねらいに応じた適切な指導方法を選択することが重要である。これらの指導方法は、それぞれが独立した指導の在り方を示しているわけではない。さまざまな展開が考えられ、相互補完的に指導方法を他の方法から見直し、修正あるいは補充・補填し、それぞれの要素を組み合わせた指導方法も考えられる。

　道徳科における具体的な学習プロセスは限りなく存在し、3つの指導方法はそれぞれの工夫や留意点を例示した視点である。これらの3つの視点を手がかりにして、教師が子どもの発達段階や発達の特性、指導内容などに応じた方法について研究を重ね、ふさわしい方法を選択しながら工夫し実践できるようにすることが重要である。

3　問題解決的な学習

　指導方法としての「問題解決的な学習」は、子どもが主体的に道徳的問題を考え、判断し、協働して話し合い、能動的に問題解決を図るような学習（主体的・対話的な深い学び）である。学習指導要領解説には、次のように示されている。

　「道徳科における問題解決的な学習とは、ねらいとする道徳的諸価値について自己を見つめ、これらの生き方に生かしていくことを見通しながら、実現するための問題を見付け、どうしてそのような問題が生まれるのかを調べたり、他者の感じ方や考え方を確かめたりと物事を多面的・多角的に考えながら課題解決に向けて話し合うことである。」

　主体的・対話的で深い学び（アクティブ・ラーニング）を促進するためには、これまでに学び習得した道徳的価値観・概念を活用した見方・考え方を道徳的問題の解決に応用・汎用していかなければならない。読み物教材における登場人物の考え方や行為をただ追認するのではなく、自分が体

験したことや過去に学び習得した道徳的な見方・考え方や将来的な見通しや願望を踏まえて、何が問題かを考え、問題解決していくのである。

　このように、道徳科の問題解決的な学習では、子どもが自己を見つめたときにもつ自己の生き方や人間としての生き方に対する課題意識をもとに、教材から提示される課題・問題を自分ごととして考え解決に導くことが求められるのである。つまり、道徳的問題、すなわち道徳的価値に関連する問題として扱い、子どもの道徳性の育成をねらって行う学習が道徳科における問題解決的な学習である。道徳科の問題解決的な学習では、子ども一人ひとりが自己の生き方についての課題を解決するために、自己とのかかわりで登場人物の生き方についての課題を教師と子ども、または子ども同士で話し合っていくのである。

4　道徳的行為に関する体験的な学習

　道徳科では、「道徳的行為に関する体験的な学習」を積極的に活用することが望まれている。道徳科における体験的な学習は、道徳的諸価値を理解させるために、「具体的な道徳的行為の場面を想起させ追体験させて、実際に行為することの難しさやその理由を考えさせ、弱さを克服することの大切さを自覚させたりする」ことを示している。また、「教材に登場する人物等の言動を即興的に演技して考える役割演技など疑似体験的な表現活動を取り入れた学習」も示されている。このように、道徳的行為に関する体験的な学習は、単に体験的行為や活動そのものが目的ではなく、「さまざまな問題や課題を主体的に解決するために必要な資質・能力を養う」ために、それらを通じて学んだ内容から道徳的価値の意義などについての考えを深めることが重要である。体験的な学習として代表的なものには、役割演技、スキル学習、実体験活動、別場面への導入、礼儀作法、特別活動等の実践活動などがある。こうした体験的な学習を道徳授業の中に適切に取り入れ、道徳的価値の意義や意味に迫る手段・方法として用い

られる必要がある。したがって、体験的な学習は、子どもたちにとって道徳的価値を実感的に理解し自覚し深める学習方法となるのである。

【引用・参考文献】
永田繁雄編著『平成29年度版　小学校新学習指導要領ポイント総整理　特別の教科　道徳』東洋館出版、2017年
文部科学省『小学校学習指導要領(平成29年告示)解説 特別の教科 道徳編』廣済堂あかつき、2017年

（中島朋紀）

第10章 道徳科学習指導案の作成

1 道徳科の学習指導案

　道徳科の学習指導案は、「指導者である教師が指導を計画的に行うための指導計画」であると同時に、「一人ひとりの児童生徒が道徳科の授業において学習する主題について、自らの課題に結合しながら、深く考え、主体的に学習に取り組むことができるために欠かすことのできない」ものである。このように両面の計画・課題が達成される学習指導案であるためには、教師の指導の意図や構想（何を、どのような順序で、どんな方法で指導していくか）が適切に表現されるとともに、児童生徒の学習過程が効果的に展開されるよう工夫されなければならない。学習指導要領にある道徳科の目標は次の通りである。

> （「第3章　特別の教科　道徳」の「第1の目標」）
> 　第1章総則の第1の2に示す道徳教育の目標に基づき、よりよく生きるための基盤となる道徳性を養うため、道徳的諸価値についての理解を基に、自己を見つめ、物事を多面的・多角的に考え、自己の生き方（中学校：人間としての生き方）についての考えを深める学習を通して、道徳的判断力、心情、実践意欲と態度を育てる。」

　上記のように、道徳科の授業は、内面的資質としての「道徳性」を主体的に養うために、「道徳的判断力」「道徳的心情」「道徳的実践意欲と態度」を育むことが重要とされる。つまり、学習指導過程や指導方法を工夫して、道徳性を育てることが道徳科の目的である。手段・方法と目的を誤らないように留意しながら、教師は道徳科の授業実践と改善に取り組んでいくことが求められる。

2　学習指導案作成

道徳科の授業実践において、学習指導案には、一般的に次のような事項（観点・内容等）が取り上げられている。

ア　主題名：　原則として年間指導計画における主題名を記述する。
イ　ねらいと教材（資料）：　年間指導計画を踏まえてねらいを記述するとともに教材名（資料名）を記述する。
ウ　主題設定の理由：　年間指導計画における主題構成の背景を再確認し、次の3項目を記述する。
　①ねらいとする道徳的価値：　ねらいや指導内容について教師の捉え方
　②児童生徒の実態：　それに関する児童生徒のこれまでの学習状況や実態と教師の願い
　③教材（資料）について：　使用する教材（資料）の特質やそれを生かす具体的な活用方法など
　※①は「教師のねらい」、②は「児童生徒観」、③は「教材観」・「指導観」としてまとめられうる。道徳科は児童生徒のよいところや成長を積極的に捉えることが求められる。
エ　学習指導過程：　ねらいに含まれる道徳的価値について、児童生徒が自己の生き方についての考えを深めることができるようにするための教師の指導と児童生徒の学習の手順を示す。
　①本時のねらい（目標）：　主題名・教材内容を踏まえた授業本時の目標
　②展開（学習活動）：　学習指導過程における導入・展開（前段／後段）・終末の各段階に区分、児童生徒の学習活動、主な発問と予想される児童生徒の発言、指導上の留意点、指導方法、評価の観点など
オ　その他：　他の教育活動などとの関連、評価の観点、教材分析、板書計画、他の教師の協力的な指導・参加、保護者や地域の人々との連携・参加など、授業にとっての必須事項

学習指導案は1時間の授業計画である。授業計画を立てる作業を通して、授業のねらいや流れを明確にしたり、子どもたちの実態をより詳しく把握したり、教材研究を深めることができる。授業実践の後で当初の計画と実践とをつき合わせながら省察し、授業を改善していくことにもつながる。

図表10-1　道徳科学習指導過程（本時の展開）

		展　　開	
	学習活動・主な活動	主な発問と予想される児童・生徒の反応	指導上の留意点・支援
導入	1　心の耕しと課題の設定 ○生活体験を想起し合い、本時の学習内容に気づく。 ＊ねらいとする価値に気づく。	(1)これまでの体験で……したことはなかったか。 　○‥‥‥‥‥‥‥‥。 　○‥‥‥‥‥‥‥‥。	○アンケート調査（診断評価）の結果などの教材・資料を提示する。 ○教材・資料に関する絵画や写真、映像や音楽などを使って視覚的・聴覚的に印象づける。 ○主題のねらいに関わる新聞記事、児童生徒作文、詩歌などを活用する。 ○「私たちの道徳」を活用する。 ○保護者・地域の人材を活用する。 ○実験や観察などの実物に触れる体験などを取り入れる。
展開 前段	2　価値観の類型化と葛藤・議論 ○教材（資料）「　」を視聴し、……（主人公）の気持ちを中心に話し合う。 ○……（主人公の行為）を客観的に見つめる。 ＊教材（資料）活用によってねらいとする価値を追究し、把握する。	(2)……（主人公）は、……（自分の行為）をどう考えたか。 　○‥‥‥‥‥‥‥‥。 　○‥‥‥‥‥‥‥‥。 (3)……（主人公を取り巻く登場人物）は、……（主人公の行為）をどう思ったか。 　○‥‥‥‥‥‥‥‥。 　○‥‥‥‥‥‥‥‥。 〈中心発問〉 (4)……（主人公の行為）をどう考えるか。……（主人公）は、どうすべきだったか。（自分が主人公であれば、どうしたか。） 　○‥‥‥‥‥‥‥‥。 ＊児童生徒の実態と教材（資料）の特質を押さえた発問構成を工夫する。	○教材（資料）提示の工夫をする。 ・教師の読み聞かせ。 ・スライド・映像・ICTなどの活用 ・部分提示 ○教材（資料）の内容を深く受けとめさせる。 ○児童生徒が生き生きと活動し主体的に考え深められるようにする。 ・動作化や役割演技の活用 ・ペアでの対話やグループによる話し合いの導入と座席配置の工夫 ・自分の考えをまとめて書く活動の導入（ワークシートを配布など）
後段	3　価値の一般化 ○今までの自分をふり返る。 ＊自分の生活をふり返り、現在の自分の価値観に気づく。	(5)今まで……したことはないか。 　○‥‥‥‥‥‥‥‥。 　○‥‥‥‥‥‥‥‥。 ＊児童生徒が体験を通して感じたことや考えたこと、また日常の具体的な事柄を話題にするなど、教材（資料）に描かれた道徳的価値を自分の問題として受けとめ、深く自己を見つめ、よりよい自己の生き方や人間としての生き方が見出せるよう発問を工夫する。	○道徳的価値の理解や内面的自覚を図る。
終末	4　評価 ＊学習の整理・まとめをする。	(6)本時の学習で何を学んだのか。 ・道徳性の高まりを確認する。 ・道徳ノート、「私たちの道徳」を活用する。	○児童生徒の感想を発表させたり書く活動を取り入れる。 ○教師が説話（体験・経験談）する。 ○補助的な教材（資料）を提示する。 ○各教科・各領域などとの関連を図り、今後の発展につなぐ工夫をする。

出典：筆者作成

【引用・参考文献】

文部科学省『小学校学習指導要領（平成29年告示）解説 特別の教科 道徳編』廣済堂あかつき、2017年

（中島　朋紀）

第11章 道徳教育の評価活動

1 指導と評価の一体化をめざす道徳教育

　道徳教育における評価とは、他の教科教育とは性格が大きく異なるものであり、子どもを評定するための評価ではない。指導に生かされ、子どもの成長につながる教育評価である。つまり、教師にとっては、自らの授業計画や指導方法の改善・充実のための判断材料となり、子どものよさや成長の様子などを積極的にとらえ、認め励ます評価である。一方、子どもにとっては、自らの成長やよさを実感し、より善く生きようとする意欲の向上につなげていくための手がかりや励みとなる評価である。

　このことは、学習指導要領第1章総則の第3の2(1)に「児童（生徒）のよい点や進歩の状況などを積極的に評価し、学習したことの意義や価値を実感できるようにすること」と示されている。また、学習指導要領第1章総則の第4(11)「指導計画の作成等に当たって配慮すべき事項」においては、「児童（生徒）のよい点や進歩の状況などを積極的に評価するとともに、指導の改善を行い学習意欲の向上に生かすようにすること」と示されている。総則に示されているように、道徳教育および道徳科における評価においても、「指導と評価の一体化」をめざすものでなければならない。したがって、評価とは、教師・子どもの相互にとっても、自らの成長を実感し、相互の意欲の向上につなげていくものである。また、指導し授業実践すべき立場の教師は、他者との比較ではなく子ども一人ひとりのもつよさや可能性などの多様な側面、進歩の様子などを把握し、年間や学期にわたって子どもがどれだけ成長したかという視点を大切にすることが重要である。

　道徳教育における評価においても、こうした考え方は踏襲されるべきものであり、常に指導に生かされ、子どもの成長につながる評価でなく

てはならない。つまり、道徳教育の評価は、教師が子ども一人ひとりの人間的な成長を見守り、子ども自身の自己のより善い生き方を求めて努力を評価し、それを勇気づける働きをもつことが求められている。

2　道徳教育の評価

　学校の教育活動全体を通じて行う道徳教育の評価は、それぞれの教育活動において一人ひとりの子どもがよりよく生きようとする自覚をもち、着実に道徳性を身につけていることを促す働きを確かにすることができる。そして、教師もあらゆる機会や教材などを通して道徳性を養うことを意識し、適切に対応しているかをふり返り、指導の改善に生かすことができる。

　そこで、指導要録や家庭・保護者への通知表には、子どもの学校生活の様子を綴る「行動の記録」という10項目の評価項目がある。これらの項目は、道徳教育の指導内容項目と必ずしも一致せず、「各教科、特別の教科道徳、外国語活動、総合的な学習の時間、特別活動、その他学校生活全体にわたって認められる児童生徒の行動について、各項目ごとにその学年別（学期別）の趣旨に照らして十分満足できる状況にあると判断される場合には、〇印を記入する」とされている。いわば、教育活動全体にわたる道徳教育の結果を、教師の教育指導を満足する状態にあるかどうかを評価できるものにおき代え、それを道徳教育の評価活動に有効的に用いることもできる。学習指導要領第1章総則の第3の2(2)には、「創意工夫の中で学習評価の妥当性や信頼性が高められるよう、組織的かつ計画的な取組を推進するとともに、学年や学校段階を越えて児童（生徒）の学習の成果が円滑に接続されるように工夫すること」と示されている。

　この「行動の記録」を道徳教育の評価に取り入れ、学期・年間にある子どもたち一人ひとりの成長と学校生活場面での行動面のよさや努力をつむぎ、道徳行為や道徳的実践力への契機となる評価にしていきたい。

図表11-1　行動の記録の評価項目及びその趣旨

行動の記録
評価項目及びその趣旨

項　目	趣　旨
基本的な生活習慣	自他の安全に努め、礼儀正しく節度を守り節制に心掛け調和のある生活をする。
健康・体力の向上	活力ある生活を送るための心身の健康の保持増進と体力の向上に努めている。
自主・自律	自分で考え、的確に判断し、自制心をもって自律的に行動するとともに、より高い目標の実現に向けて計画を立て根気強く努力する。
責任感	自分の役割を自覚して誠実にやり抜き、その結果に責任を負う。
創意工夫	探究的な態度をもち、進んで新しい考え方や方法を見付け、自らの個性を生かした生活を工夫する。
思いやり・協力	だれに対しても思いやりと感謝の心をもち、自他を尊重し広い心で共に協力し、よりよく生きていこうとする。
生命尊重・自然愛護	進んで自然を愛護し、自他の生命を尊重する。
勤労・奉仕	勤労の尊さや意義を理解して望ましい職業観をもち、進んで仕事や奉仕活動をする。
正義・公平	正と不正を見極め、誘惑に負けることなく公正な態度がとれ、差別や偏見をもつことなく公平に行動する。
公共心・公徳心	規則を尊重し、公徳を大切にするとともに、我が国の文化や伝統を大切にし、国際的視野に立って公共のために役に立つことを進んで行う。

出典：文部科学省『小学校指導要録』

図表11-2 指導要録（行動の記録の評価）

児童氏名

行 動 の 記 録

項 目 \ 学年	1	2	3	4	5	6	項 目 \ 学年	1	2	3	4	5	6
基本的な生活習慣							思いやり・協力						
健康・体力の向上							生命尊重・自然愛護						
自主・自律							勤労・奉仕						
責任感							公正・公平						
創意工夫							公共心・公徳心						

総合所見及び指導上参考となる諸事項

第1学年	第4学年
第2学年	第5学年
第3学年	第6学年

出 欠 の 記 録

区分\学年	授業日数	出席停止・忌引等の日数	出席しなければならない日数	欠席日数	出席日数	備　考
1						
2						
3						
4						
5						
6						

出典：文部科学省「小学校指導要録」

図表11-3　評価項目（シート）

評価項目　　　　「基本的な生活習慣」　　　　　　中学年

評価目標	評価場面（方法）	十分満足できる（A）	道徳の時間
健康や安全に努めて落ち着いた生活を行う。	学校生活（観察） 学校生活 （登下校時の指導） 安全指導（観察）	□周りの様子を考えて静かに歩いたり、落ち着いて分別ある行動を取る。 □歩くマナーを守り、低学年の模範となる登下校を行う。 □危険を回避し、学校生活を安全に過ごす。	
時間を守って生活する。	学校生活（観察） 教科指導（発言・観察）	□チャイムや集合時間を守って活動する。 □時間を無駄なく活用する方法について興味をもたせ、次の学習の準備を前もって行う。	
物を大切に使う。	学校生活（観察）	□物を無駄なく有効に使う。	
礼儀の大切さを知り、時と場に応じたあいさつや言葉遣いができる。	学校生活（発言・観察）	□登下校時や廊下歩行時に先生や友達に元気よくあいさつができる。 □相手の立場になった言葉遣いができる。	
度を過ごさずに節度ある生活ができる。	学校生活 （観察・質問紙・記述）	□自分を振り返り節度ある行動が取れる。	
＜評価の観点と留意点＞ ・日常生活での観察とともに、評価の場を教育活動や様々な交流場面へと広げる。 ・子ども自らが主体的に他とかかわり、道徳的心情の変容に注目できるようにする。			

出典：筆者作成

〈道徳教育の評価〉
「行動の記録」における評価と指導の一体化
〈評価の方法〉
行動面に現れる子どもたち一人ひとりのよさを見出し、それがどのような形で表面に出ているのかをみる。
＊学校組織において、教員間が共有の「評価項目」シート（各学校作成）を活用し、子ども一人ひとりの成長をつむぐようにする。

3　道徳科における評価

　道徳科の評価については、学習指導要領第3章の第3の4において、「児童の学習状況や道徳性の係る成長の様子を継続的に把握し、指導に生かすよう努める必要がある。ただし、数値などによる評価は行わないものとする」と示している。道徳科において養うべき道徳性は、子どもの人格全体に関わるべきものであり、数値などによって不用意に評価してはならないことを特に明記したものである。したがって、教師は道徳科においてもこうした点を踏まえ、子どもの学習状況や道徳性に関わる成長の様子をさまざまな方法でとらえて、個々の子どもの成長を促すとともに、それによって自らの指導を評価し、改善に努めることが大切である。

4　道徳科の授業に対する評価の基本的な考え方

　教師自らの指導を評価し、道徳性を養う指導の改善につなげる。道徳科の学習指導過程や指導方法に関する評価の観点は、次のようなものが考えられる。

・道徳科の特質を生かし、道徳的価値の理解を基に自己を見つめられるように適切に構成されていたか。指導の手立て・方法は適切であったか。
・発問は、指導の意図に基づいて的確になされていたか。また、発問に対して児童生徒が多面的かつ多角的に考えていたか。さらに、児童生徒の発言などを適切に指導に生かしていたか。
・児童生徒の発言を傾聴して受けとめるとともに、発言の背景を推察したり学級全体に波及させたりしていたか。
・特に配慮を要する児童生徒に適切に対応していたか。

（中島朋紀）

第3部

道徳教育の実践

第12章 道徳教育の多様な実践

A 幼小連携

1　幼小のカリキュラム接続と連携

　2018（平成30）年度より学習指導要領が改訂し、スタートカリキュラムが義務づけられた。スタートカリキュラムとは、幼児教育と小学校教育をつないでいくカリキュラムのことである。小学校入学後に遊びから学び中心の生活となり、小学校生活へ円滑に適応できない小1プロブレムなどに対処するためである。

　一方、幼稚園教育要領も2018年度の改訂により「生きる力」の基礎となる「資質・能力」と「幼児期の終わりまでに育ってほしい姿」（10の姿）が新たに示された。これらは、小学校の生活や学習の芽生えになるものであり、年長後半から小学校入学にかけて、その後も目指す姿となる。例えば、「10の姿」の「健康な心と体」は体育、「道徳性・規範意識の芽生え」は道徳、「数量や図形、標識や文字などへの関心・感覚」は算数の基礎となる。

　年長後半の指導計画（アプローチカリキュラム）は、「10の姿」を意識しつつ、そして、小学1年の初めのスタートカリキュラムは、育ちつつある「10の姿」を考えながら、どちらも小学校の授業や生活に近づけるように作成する。

　カリキュラムの接続が円滑にいくためには、幼小（幼稚園と小学校）の教員の連携が大切となる。幼児が安心して小学校生活を迎えるには、幼小の子ども同士の交流や教員同士の意見交換と合同研究の機会を多く設ける必要がある。また、幼小の教員が近隣の園と小学校で互いに保育や授業を行い、子どもへの理解を深めていく。その際、保育者は幼児一人ひとりの情報を共有できるように丁寧に伝える。さらに入学後も保育者が小学校生活を参観して、その後意見交換をすることにより、双方の教員の保育と授業の振り返りにもつなげていく。

小学校の教員は幼稚園を、保育者は小学校の状況をそれぞれ知り、子どもたちのために互いに保育と教育について理解し、共感して歩み寄ることが幼小の連携を深めることとなる。

2　小学校へつなげていく幼児期の道徳教育

　幼児は、園生活の中で葛藤や思いやりなどのさまざまな気持ちに折り合いをつけながら活動や遊びを行っている。

　例えば、5歳児のドッジボール遊びでは、ルールを守ったり、ルールに工夫を加えたりすることで友達と継続して一緒に遊ぶ楽しさを味わうことができる。しかし、ルールを守らなかったり、自分勝手な行動をとったりすると、遊びが中断されるだけでなく喧嘩に発展することもある。保育者は、幼児の主張や思いを受け止めて双方に伝えたり、話し合いをさせたりしながら、思いやりの気持ちやルールの大切さに気付かせていく。ルールを守ることで楽しい時間が続くことを経験することが大切なのであり、ルールを守ることがめあてにならないように気を付ける。幼児はいざこざや葛藤を経験しながら、相手にも意思や欲求、感情があることを学び、抑制する必要も理解するようになる。

　そうした中で保育者は温かく受容し、丁寧に関わることで幼児の育ちが健全なものとなっていく。一方、幼児は保育者から愛され受け入れてもらえる存在であると認識すると、自己肯定感が育まれ、友達にも思いやりの気持ちをもつことができる。人を大切にする思いやり、協調性、忍耐力などのことを「非認知能力」と呼び、幼児期に非認知能力が育まれることにより、文字や数などを覚える「認知能力」も高まり、人間性豊かな大人になると言われている。このように保育者の働きかけは大変重要であり、幼児は保育者との信頼関係を土台に葛藤やつまずきを乗り越えて、徐々に道徳性や規範の芽生えを育んでいくのである。

（大﨑利紀子）

B 環境教育

1 あなたはどうする？　環境保護と私たちの暮らし

　環境教育について、道徳の視点から描いた映像教材を用いた実践（第5学年）を紹介する。内容は、①大小いくつかの円形が映し出されるが、視点を変えるとそれらが様々な立体であることが分かる。映像という利点を活かし、物事を多面的に見ることの必要性を示唆、②人々がしばしば無知であるがゆえに環境の悪化を招いてきた事実を示す、③環境保護と人間の暮らしの間にあるジレンマを描いた物語から問いかける、という展開になっている。③の物語のあらすじは次の通り。

図表12B-1　「あなたはどうする？」の一場面

出典：筆者作成

　A町とB町の間には、"さくら川"が流れている。川の下流にだけ橋が架かっていて、A町とB町の往来にはこの橋を渡るしかない。ところが、大きな病院はA町の上流にしかなく、B町の人たちはとても不便だった。いったん下流まで行って橋を渡ってA町に行き、そこからまた上流にある病院に行かなくてはならないからだ。そこで、川の上流にも橋を架けようという案が出た。そうすればB町の人たちもすぐに病院に行くことができる。だが、新しく橋をかけようと計画している場所には、そこにしかいない貴重な魚がいた（**図表12B-1**）。橋は必要だが、自然環境も守りたい。さて、あなたならどう考える？

　㋐人間の暮らしのほうが大切。自然環境を守るのも大事だが、病院に行くのが不便な人たちがいる。だから、橋をかける。

　㋑橋をかけたらそこにしかいない貴重な魚が絶滅してしまう。病院には今ある橋を通って行けば良いのだし、魚だってかけがえのない命。だから、橋をかけない。

2 「つながり」を意識した環境学習

　こうした環境に関わる課題はグローバル化した社会の在り方と深く結び付いたものである。そこには道徳的価値に関わる葛藤や対立が存在し、正解が一つということはない。そこで、現在推進されている持続可能な開発のための教育（ESD）の観点からも、「つながり」を意識した環境学習が求められている。ポイントとして3点を示す。

1.　環境教育における対象は、自然と人間との関わり、環境問題と社会経済システム・生活様式との関わりなどが複雑に絡み合っている問題が多い（環境問題群）。そのため、それらの「つながり」を見出し多面的に捉えることで問題が安易に割り切れなくなる。そうした時に価値観や生き方が問われる。

2.　環境教育は多くの教科に関わるため、学級担任がほとんどの授業を受け持っている小学校で比較的取り組みやすいと言われている。環境教育ではもちろんのこと、道徳においても知識や情報が重視されるなか、学習内容の「つながり」を活かすことでより深い理解を得られる。

3.　体験学習を取り入れたり身近な問題と結び付けたりし、自分との「つながり」で考えを深められるようにする。

　上記の教材もこうした課題意識に基づいている。橋を架けるか架けないかということに焦点を絞っているが、より多くの葛藤も孕む。人間も他の動植物の生命もみな尊い命ではないか、生態系のバランスが崩れてしまったらどのようなことが起こるだろうか、自然環境が地域の生活や産業と密接に結びついていることを想像したらどうだろうか。「つながり」を大切にしながら、子どもたちの多様な考えを引き出し葛藤の場に導くような教師の働きかけが大事になる。

【引用・参考文献】
　浅香怜子「―あなたはどうする？アクティブ・ラーニングで考える環境保護と私たちの暮らし―」東京未来大学環境教育研究会、2017年

（浅香怜子）

C 安全教育

1 安全と道徳教育の関連

　安全教育は、「安全に関する基礎的・基本的事項を系統的に理解し、思考力、判断力を高めることによって安全について適切な意志決定ができるようにすることをねらいとする。安全学習の側面と、当面している、あるいは近い将来当面するであろう安全に関する問題を中心に取り上げ、安全の保持増進に関するより実践的な能力や態度、さらには望ましい習慣の形成をめざして行う安全指導の側面があり、相互の関連を図りながら、計画的、継続的に行われるもの」である。学校安全は、子どもたちの命を守る上で欠かすことのできない教育活動である。さらに、子ども自身が「危険を予測し、回避する能力」「自分の命は自分で守る意識」を身につけることも、安全教育の重要な課題である。

　また、携帯電話・インターネットを使用する人の情報モラルが大きく問われている。道徳で指導する「節度・節制」「親切・思いやり」「規則の尊重」「生命の尊重」「畏敬の念」等を学び、自他を尊重し、安全な行動がとれる子どもの育成が課題である。そのためには、安全教育と道徳教育の関連が図られるようにすることが大切である。

2 安全教育における人間尊重の精神

　人間尊重の精神は、道徳教育の目標の中で一貫して述べられている。生命尊重、人格尊重、人権尊重、人間愛などであり、「自他の生命を尊重」する安全教育の根底となっている。相手を尊重することにより、相手の安全を確保すると同時に、自分の安全も確保される。

3 安全教育と道徳の内容項目

A 主として自分自身に関すること
　小学校第1学年及び第2学年の内容には、「健康や安全に気を付け……、規則正しい生活をする」とある。
B 主として人との関わりに関すること
　相手の立場を尊重することは、事件や事故を引き起こさない、安全な社会作りに大切である。
C 主として集団や社会との関わりに関すること
　道徳における「規則の尊重」「公徳心」「自他の権利」などは安全教育にとっても重要なことである。
D 主として生命や自然、崇高なものとの関わりに関すること
　小・中学校を通じて、生命の尊さの理解と安全な行動をとる実践力が求められている。

図表12C-1　初等部の安全・防犯教育計画

学年		低学年（1・2年）				中学年（3・4年）				高学年（5・6年）			
ねらい		○生命の大切さを知るとともに、身の回りの危険について理解できるようにする。 ○安全に行動できるようにする。				○生命を尊重するとともに、身の回りの危険について理解できるようにする。 ○すすんで安全に行動できるようにする。				○自他の生命を尊重し、安全な生活のために必要なことを理解できるようにする。 ○すすんで決まりを守り、安全に行動できるようにする。			
安全指導	交通安全	生活科：町たんけん時の交通安全 学級活動：通学路の確認、安全な登下校 交通安全教室：横断歩道の渡り方、バス・電車、自転車乗車時の約束　身近な道路標識				社会科：安全なくらしと町づくり、お店たんけん時の交通安全 総合的な学習：交通安全マップづくり 学級活動：通学路の確認、安全な登下校 安全学習：横断歩道の渡り方、バス・電車、自転車乗車時のきまり　身近な道路標識				総合的な学習：交通安全マップづくりなど 学級活動：通学路の確認、安全な登下校、交通事故から身を守る 保健学習：けがの防止 安全学習：交通ルールを守る 自転車の点検と整備の仕方			
	災害安全	学級活動：避難訓練（防災）への参加の仕方 避難訓練：「おかしも」の約束、災害時の危険、災害時の正しい行動の仕方、安全な集団行動				社会科：安全なくらしと町づくり 学級活動：避難訓練（防災）の積極的な参加 避難訓練：「おかしも」の約束、災害時の危険、災害時の正しい行動の仕方、安全な集団行動				保健学習：けがの防止 避難訓練（防災）訓練の意義 避難訓練：「おかしも」の約束、災害時の危険、避難時の携帯品、火災防止、避難場所・避難行動			
	月	4月	5月	6月	7月	8月	9月	10月	11月	12月	1月	2月	3月
	交通	・登校時の交通安全	・乗車時の交通安全とマナー	・歩行時の交通安全	・夏休みの交通安全		・登下校の交通安全	・マナーの交通安全	・歩行時の交通安全	・冬休みの交通安全	・登下校の交通安全	・冬（寒い時期）の交通安全	・春休みの交通安全 ・1年間の反省
	生活	・学校生活の安全 ・学校内での安全な生活	・不審者侵入時の教室・廊下での避難・行動の仕方	・梅雨時の教室・廊下での安全 ・大雨時の安全	・プール・校外学習での安全	・海・山での安全	・地震、台風などの時の避難・行動の仕方	・校庭・体育館・ピロティでの安全	・特別教室での安全	・災害時における避難・行動の仕方	・地震が起きた時の行動の仕方（予告なし）	・校庭・体育館・ピロティでの安全	・1年間の反省
防犯指導（危険回避能力）	犯罪被害防止	学級活動：身の回りの安全、自分の身を守る 道徳：生命尊重、規則の尊重 地区別集会（防犯）：子ども110番の家　遊び場や登下校の安全　危険から身を守る				総合的な学習：町たんけん、生活安全マップづくり 学級活動：誘惑・危険の起こる場所 道徳：生命尊重、公徳心 保健学習：育ちゆく体とわたし 地区別集会（防犯）：誘惑・危険の起こりやすい場所　遊び場や登下校の安全				総合的な学習：安全について、防犯の方法 学級活動：身の回りの犯罪、防犯にかかわる人たち 道徳：生命尊重、公徳心 保健学習：心の健康 地区別集会（防犯）：誘惑・危険の起こりやすい場所　遊び場や登下校の安全			
	傷害の防止	各教科（図画工作科、体育科など）：学校設備の使用上の注意、単元で使用する物品の適切な使用方法と安全指導 道徳：生命尊重、尊敬・感謝、規則の尊重、公徳心、友情・信頼・助け合い、節度・節制 学級活動：夏休み・冬休み・春休みの過ごし方、遠足時の安全、廊下の安全な歩行の仕方、校庭のきまり、雨天時の安全な過ごし方 保健学習：毎日の生活と健康、けがの防止、病気の予防											

出典：筆者作成

（中島朋紀）

D 特別支援教育

1 障害のある幼児児童生徒と道徳教育

　道徳の教科書で、命の大切さを学習する教材として小児がんの子どもを扱っているものがある。その多くが亡くなってしまう事例だが、小児がんは誰でもが罹患する可能性があり、現在は治る病気である。同じ学級の仲間が罹患する可能性があり、亡くなるような教材を使うことは避けた方が良い。亡くなった人の事例を使わなくても命の大切さや生命の尊厳を教えることはできるので、授業計画での創意工夫が必要である。また、障害のある人の事例を使った教科書もあるが、障害は相対的な面もあり「障害があるのに頑張っている」という視点ではなく「様々な人がいるのが普通の社会である」という視点から考察したい。それは、多様性を尊重する態度の育成であり、多様な価値観を認め尊重する態度につながる。生活をする中で、人格や個性を尊重し合いながら社会参加・貢献を目指す社会、自分が社会参加・貢献をするためには何をなすべきか、出会った人が社会参加・貢献ができるために自分ができることは何かを考えることが大切である。

　2007（平成19）年度に文部科学省から出された「特別支援教育の推進について（通知）」には、「特別支援教育は、……（略）特別な支援を必要とする幼児児童生徒が在籍する全ての学校において実施されるものである。」と書かれており、特別な支援が必要な幼児児童生徒（以下「児童等」という）は全ての学校に在籍していると述べている。そして特別支援教育は共生社会の形成の基礎となるものであると述べられており、道徳教育に通じる面があると考えられる。

2　特別支援教育からみる道徳教育

　学校教育法第72条にあるように、特別支援教育は、幼稚園、小学校、中学校又は高等学校に準ずる教育を実施することになっている。「準ずる教育」とは「同じ」ということであり、特別支援学校の小学部の児童は小学校の児童と同じ教育を受けるわけで、道徳科も通常校と同じである。

　障害のある児童等は、特別支援学校だけではなく通常校にも在籍し、通常校の教育を受ける。しかし、知的障害のある児童等だけは、知的障害の教育課程による教育を受けるが、道徳科についての基本的な考え方は通常校と同じである。ただし、障害の状態によっては配慮が必要な場合もある。例えば、肢体不自由の児童等は、書写に時間がかかることがあるので、パソコンの利用や代筆者を置く、書写の時間を十分に確保するなどの配慮が必要である。発達障害のある児童等は、相手の気持ちを想像することが苦手な場合もあるので、主語を明確にしたり役割を交代して動作や劇を実施するなどの工夫が必要になる。

　知的障害のある児童等は、抽象的な内容の理解が困難な面もあり、具体的な経験を多くして、経験によって学ぶような取り組みをしたい。そして、知的障害に限られたことではないが、他の授業の中でも道徳についての配慮が必要である。障害の多くは固定されたものではなく環境により困難さは変わるものである。障害のある児童等への配慮により分かりやすい授業は、他の児童等にとっても分かりやすい授業である。

　このように、道徳科と特別支援教育は重複する面が多くあり、特別支援教育は道徳教育そのものともいえる。

【引用・参考文献】
　文部科学省『特別支援学校教育要領・学習指導要領解説総則編（幼稚部・小学部・中学部）』開隆堂出版、2018年
　文部科学省「特別支援教育の推進について（通知）」2007年
　文部科学省「「特別の教科　道徳」の指導方法・評価等について（報告）」道徳にかかる評価等の在り方に関する専門家会議、2016年

（伊藤甲之介）

E 伝統・文化活動

1 創造的な姿勢で

　伝統文化を題材にした道徳の授業では、地域にまつわる伝承を地元の人に聞いたり、伝統芸能を練習して披露したりして、地域の良さを理解し大切にする心を育てるような様々な実践がある。ただ触れるだけでなく、その起源や歴史、風土、人々の暮らしなどを深く掘り下げることで先人の思いや願いを知ったり、他地域との共通性や違いを理解することで異なる文化を尊重する態度の育成に活かすこともできる。

　また、教育現場で扱う際、指導者は伝統の本質に目を向けながらも「生きた文化としての伝統文化」として、常に創造的なスタンスで子どもたちが伝統に接するよう心がける必要があると指摘されている。そこで、知識の習得に偏らず、受け継がれてきた伝統文化をどのように未来へとつなげていくことができるのかを「考え、議論」する道徳の授業実践（第6学年）の一例を次に挙げる。

2 伝統文化を取り入れた「考え、議論する」道徳

『盆踊りは誰のもの……？』
　みなさんの住む白金地区に、「ヘボンさん盆踊り」という伝統芸能がありました。ヘボンさんは、江戸時代末期に日本にやってきたアメリカ人で、お医者さんとして病気を治したり、学校を開いたりしてくれたので皆から慕われていました。「ヘボンさん盆踊り」は、ヘボンさんが亡くなったあと、彼を偲んで始まった踊りで、地域の人たちに大切にされてきました。
　ところが、最近、過疎化が進んで、若い人たちが少なくなってしまい、盆踊りを踊る人も少なくなってしまいました。そこで、「ヘボンさん盆踊り」を観光の目玉にして宣伝したところ、どんどん人気が出て、たくさんの観光客が来るようになりました。白金地区の良さが伝わって、移住者も増え、地域は活気を

取り戻しました。盆踊りも以前よりずっと盛んになり、皆でたのしく踊るようになりました。
　でも、ヘボンさんのことを知る人は、少なくなってしまいました。
　Q．「ヘボンさん盆踊り」を観光化することで、次のような意見が出ました。あなたはどう思いますか？
①ヘボンさんのことを知っている昔からの住人（及びその子孫）だけが、踊るほうが良いのではないか。
②「ヘボンさん盆踊り」はとても観光客に人気がある踊りなので観光客も一緒に踊れるようにしよう。
③移住者や若い人に親しんでもらえるようもっと「ヘボンさん盆踊り」を現代風にアレンジしたら良いのではないか。

　これは、実践を行った学校に関わる歴史などもふまえながら創作したものであるが、伝統文化を巡って実際に見受けられる課題を反映している（それぞれの地域に関わる身近な題材に置き換えて考えてもらっても良い）。考え議論するポイントとしては、伝統を守る方向性、変化することを取り入れて行く方向性の2つに絞っている。①は伝統を守るべきだという意見。②、③は伝統を受け継ぎつつも変化させていくことも大切だという意見。②は盆踊りの担い手の問題、③は踊り自体の変化の問題を挙げている。

　伝統文化は、受け継がれてきた内在的な価値を守ろうとする「本質性」と、時代に合わせて変化していく「現代性」との調和の上に生きている。それゆえ、現代社会の様々な有り様（家族形態や生活様式や産業の変化による後継者不足等）が直接関わり合っていることがあり、切実なジレンマでもある。これからの地域や社会をどう作っていくのか、将来的に地域社会の担い手となる子どもたちも含めた社会全体で取り組んでいくことが重要である。

【引用文献】
　浅香怜子「伝統文化を題材とした『考え、議論する道徳』の授業実践— 盆踊りは誰のもの…？ —」東京未来大学研究紀要第10号、2017年

（浅香怜子）

F 劇教育

1 道徳教育と演劇教育

　道徳の目標を達成するための方法の一つとして、演劇教育を取り入れた授業展開が挙げられる。

　演劇教育とは、「シアター」と「ドラマ」という名称で、イギリスのブライアン・ウェイ（Brian Way,1923～2006）によって大きく2つに分類されている。シアターとは「俳優と観客との間のコミュニケーション」であり、ドラマとは「観ている人とのコミュニケーションは一切問題にせず、一人の参加者の経験」のことであるとされている。すなわち、シアターとは、いわば学芸会や学習発表会等、発表を目的とした活動のことであり、ドラマとは、「演劇を創造し、鑑賞することが目的ではなく、演劇を作り上げる過程、または、その鑑賞をとおして、人間の教育をめざす」ことを目的とした劇活動なのである。

　教育におけるドラマの目的は、「子どもの心を開き、想像力や言語発達能力を刺激し、人間成長をうながし、発見に対する熱意をたえずかきたてること」であり、ドラマは子どもが自分自身と他者を理解しながら成長していく手助けをするものである。ウェイが「さまざまな単純疑問のうち、情報に関するものには知的教育が、直接経験に関するものにはドラマが解答する」と述べているように、道徳教育の目標を達成するための手法としてより良い効果を期待することができると考えられる。

2 演劇教育を取り入れることの効果

　道徳教育の授業に取り入れやすい手法は、「役割劇」すなわち、「ロール・プレイング」である。ロール・プレイングとは、現実に起こる場面

を想定して、複数の人がそれぞれ役を演じ、疑似体験を通じてある事柄が実際に起こった時に対応できるようにする学習方法である。ロール・プレイングでは、「自己以外の役割を演ずることによって、自己を客観視し、自他の立場に対する理解を深めて、子供たちの社会的な成長に、このましい刺激をあたえようとする」という効果がある。

ロール・プレイングは、事前に綿密な打ち合わせや練習をして実施するものではなく、即興的に実施するものであり、そのことによって、虚構であるという安全性かつ、普段の生活や価値観が無意識に出てくることがある。そして、即興的に実施した内容について再度考察し、ディスカッションを行うことによって、実体験に基づいた生きた学びとなり、学んだことが授業の中だけに留まらず、日常にも反映されていくのである。

道徳教育に演劇教育を取り入れることによって、実感を伴った対話をすることができ、実体験により近い学びになることが期待される。そして、自分自身の意見や価値観等にとらわれることがなく、物事について考えることができる。

自己理解と他者理解は切り離すことのできるものではない。演劇教育を取り入れることによって、物事の背景を理解し、場面や人物像、さらには自分自身について見つめ直すことで、道徳教育の目的を達成できるのである。

【引用・参考文献】
　ジェラルディン・B・シックス、岡田陽・北原亮子訳『子供のための劇教育』玉川大学出版部、1978年.
　武田富美子「道徳教育における演劇的手法の可能性―「愛か、理想か」大学生の授業実践を例に」『演劇と教育』7・8月合併号、晩成書房、2018年.
　冨田博之『演劇教育』国土社、1958年.
　ブライアン・ウェイ、岡田陽・高橋美智訳『ドラマによる表現教育』玉川大学出版部、1977年.

（髙﨑みさと）

G 書写教育

1 書写教育と道徳教育の関わり

　小・中学校の書写は、国語科の指導事項の一つであり、文字言語をいかに適切に、いかに効果的に伝えるかを学ぶ学習である。書写は毛筆の学習が中心であるかのように捉えられる傾向もあるが、あくまで日常生活における書写力の向上を図る(そのために「筆記具」として毛筆を用いる)ことが目的である。

　国語科において「伝え合う力」を高めることは、学校の教育活動全体で道徳教育を進めていくための基盤となる(『小学校学習指導要領解説 総則編』)。書写の学習では、「読み手に配慮して読みやすい文字を書く」「目的に応じて最適の書き方を選択して書く」ことを通して、文字言語を「伝え合う力」を高めていきたい。その際、親切、思いやり、感謝、礼儀などの道徳的視点を生かし、「よりよく」書こうとする意識を持つことが求められる。こうした視点から書写を捉えることで、練習に終始するだけの授業を脱却した、主体的な学習活動が実現できるのである。

　また、国語科において「我が国の言語文化」として取り扱われる書写は、道徳教育における「伝統と文化の尊重、国や郷土を愛する態度」と深く関連している。情報機器の普及により、手書き文字を書く機会は減りつつある。しかし、文化庁「平成26年度 国語に関する世論調査」によれば、「文字を手書きする習慣をこれからの時代も大切にすべきであると思うか」という質問に対し、「大切にすべきであると思う」という回答は9割を超えている。書写を通して、手書き文字の意義を考え実践することで、伝統と文化を尊重する態度を養うよう指導することを心がけたい。

2　書写教育における道徳指導の実際

　例えば、文字を読みやすく正確に伝えるだけならば、情報機器を用いた方がよい場合もある。しかし、お世話になった人へお礼の手紙を書くならば、手書きの方が喜ばれるであろう。テストの答案は間違いのないよう丁寧に楷書で書くべきである。ポスターを作成する場合は大きく目立たせて書ける筆記具がよい、タイトルは毛筆で書くと印象的である……というように、道徳的視点を踏まえ、目的と相手のことを考えて、筆記具・書体を選択していく学習が望ましい。書写の技能を高めることによって、コミュニケーション力は豊かになるのである。

　また、伝統と文化を尊重する態度の育成は、道徳教育との連携を図っていきたい。現在の文字文化は、毛筆で書かれた文字の歴史の上に成り立っている。それを意識して、毛筆によって点画の運筆を確かめたり、書き初めなどの伝統文化に触れたりすることが重要である。実際に文字を書くだけではなく、文字の歴史を調べたり、身の回りの多様な文字の表現を見つけたりする活動も効果的である。こうした学習は、高等学校芸術科書道の学習にもつながっている。

　最後に、「集中力が身に付く」「精神統一に役立つ」など、一般的によく聞かれる毛筆学習の効果について触れておきたい。こうした毛筆学習の精神修養的側面は、戦前期に極端に賞揚されたという経緯から、現在の学校教育では扱うことにためらいがあるようである。しかし、「静かに墨を磨り、心を落ち着かせる」「緊張感をもって一筆に集中する」など、伝統的、文化的に受け継がれてきた経験則には普遍的な道徳的価値が見出せると思われる。今後、適切な検証をしていくことが必要であろう。

【引用・参考文献】
　全国大学書写書道教育学会編『明解書写教育』萱原書房、2014年
　松本仁志『「書くこと」の学びを支える国語科書写の展開』三省堂、2009年
　文部科学省『小学校学習指導要領（平成29年告示）解説 国語編』東洋館出版社、2018年

（杉山勇人）

第13章 道徳教育の具体的な展開

A 小学校低学年

> 主題名　なかよくする心
> 内容項目　B (9) 友情、信頼
> ねらいと教材
> ねらい：友だちと仲よくし、助け合う。
> 　　教材「二わのことり」

出典：作　久保 喬『みんなのどうとく1年』学研

1　主題設定の理由

(1)　ねらいとする価値

　子どもたちは時として自分が楽しく遊ぶことに夢中で、みんなの輪に入れない子どもの存在に気づかず、気づいても自分の楽しみや都合を優先させて、その子にかかわろうとしないことが多い。そこで、身近な仲間だけでなく他者や弱者にも配慮し、互いに仲よくし信頼し合う態度を養うことである。教材に基づくねらいとしては、「ミソサザイやヤマガラの立場に立って友人関係の問題を考えることを通して、孤立している友だちの気持ちにも共感し、みんなと仲よくできる心情を養う」ことである。

(2)　児童の実態

　仲のよい友だち同士の付き合いも定着し、多くの子どもはグループで一緒に遊ぶようになってきている。しかし、コミュニケーション能力や生活体験の不足から、その場の気分や都合に合わせたような自己中心的な考えによる行為や関わりの希薄さがある。友達づき合いでも、仲のよい友だちの気持ちにはよく理解し合わせようとするが、その他の友だち（身近な他者）につらい思いをさせることもある。

　子どもたちが受容的な快適な集団生活を送るために、他の多くの友だちの気持ちにも思いやれるようなってほしい。また、仲のよい友だちや

好意をもって関わる子にだけ気づかうのではなく、孤立してしまう友だちにも配慮できるようにしたい。

(3) 教材について
[教材の概要]

> 小鳥たちのところにヤマガラから手紙がきて誕生会に招かれた。この日はウグイスの家でも音楽の練習があった。ヤマガラの家は山奥のさびしい所にあり、ウグイスの家は近くの明るいところにあった。ミソサザイはどちらに行こうか迷った。……ミソサザイはみんなと一緒のウグイスの家に行った。みんなと歌ったりごちそうを食べたりしたが、どうも楽しくない。そこで、ミソサザイはこっそり抜け出してヤマガラの家へ行った。

教材「二わのことり」上の表記〈みそさざい、やまがら、うぐいす〉を改訂した。

　この資料の道徳的問題は、ミソサザイがヤマガラの家に行くべきかウグイスの家に行くべきかである。このときの道徳的価値としては、ミソサザイのヤマガラ（身近な弱者）に対する思いやり、ウグイスや小鳥の仲間たちとの友情、みんなと練習をするという約束の遵守などがある。ミソサザイの葛藤としては、ヤマガラの家に行けば小鳥の仲間やウグイスに悪いし、ウグイスの家に行けばヤマガラにさびしい思いをさせることである。この葛藤場面で資料を切りとり、どうすればよいかを考えることにする。登場人物（ミソサザイ）の気持ちに共感しながら、「ヤマガラの家に行くか、行かないか」「両方へ行くか」「事情を相談するか」などの解決策を構想する。

2　本時の展開

(1) ねらい
　ミソサザイやヤマガラの立場に立って友人関係の問題を考えることを通して、孤立している友だちの気持ちにも共感し、みんなと仲よくできる心情を養う。

(2) 展開

図表13A-1　展開

展開			
	学習活動・主な活動	予想される子どもの反応	留意点
導入	1 「友達が一緒にいてよかったなと思うのは、どんなときですか。」発表する。 T:ふたりの友達に誘われたら、どうしますか。	・一緒に楽しく遊べるとき。 ・助けてもらったとき。 ・手伝ってもらったとき。 ○二人から誘われた場合 ・戸惑う様子。 ・親しい好きな友達と遊ぶ。	・ねらいとする価値への方向づけをする。 ・二者択一の葛藤意識を高める。
展開 前段	2 教材「二わのことり」を読んで、話し合う。 友達づき合いについて考えよう。 ①ミソサザイは何を悩んでいると思いますか。	・どちらの家にいくべきか。 ・ヤマガラとウグイスたちのどちらを大切にするのか。 ・誕生日と音楽会の練習では、どちらが大切か。	・鳥類図鑑を用いて、鳥のことについて簡単に説明する。 ・ミソサザイがヤマガラとウグイスから誘われるところまで読む。 ・ミソサザイへの感情移入、立場を考える。
	②ミソサザイは、どうすればよいと思いますか。それはなぜですか。	C1案:ウグイスの家に行く。 ・ウグイスの家の方が楽しいから。 ・みんな行くから。・練習があるから。 C2案:ヤマガラの家に行く。 ・かわいそうだから。・先に誘われたから。 ・友達だから。・誕生会だから。	・どうすればよいか、各々の立場を代表する考え・意見を引き出し、賛同する立場を確認する。
	T:ヤマガラ、ウグイス、小鳥の仲間たちは、それをどう思いますか。	・ヤマガラは喜ぶ。・自分だけずるいよ。 ・けれど、ウグイスや小鳥たちは怒る。 ・練習をさぼることをせめる。・文句をいう。	
	T:その後、どうなると思いますか。	・小鳥たちから仲間外れにされる。 ・これからはヤマガラだけ仲よくすればいい。 ・いや、やっぱりウグイスの家に行った方がいい。	・ヤマガラの立場になって考える。(第三者的) ・自分がヤマガラの立場なって考える。
	T:みんなが喜ぶやり方はないかな。	C3案:みんなで話し合って、今日だけヤマガラの家に行く。 C4案:ウグイスの家で練習が終わったら、ヤマガラの家に行く。 C……。	
	③実際のミソサザイはどうしたでしょう。自分の考えと比べてどうですか。 T:もう一度、どれが一番いいか考えてみましょう。	・実際は、ミソサザイは、ウグイスの家に行ってから、こっそり抜け出してヤマガラの家に行ったんだ。 ・ミソサザイは優しいね。 ・私の考えと同じだ。 ・両方行くなんて、ずるいよ。	・物語の後半を読む。 ・この時点で3案に分かれて、どの立場がいいのか考える。
後段	3 友達二人から遊びを誘われた場合、どうしますか。自分の友人関係を振り返る。	・よく話し合い理解してもらい、両者の納得がゆくようにして遊ぶ。 ・みんなの気持ちを考え、仲よく遊べるよう話す。	・自己の境遇に置き換え、十分に自己を見つめられるように、ワークシートを準備する。
終末	4 これからいろいろな友達と仲よくつき合うためには、どんなふうにすればよいと思いますか。	・自分や仲間だけではなく、他の多くの人の気持ちを思いやれるようにする。	・友達と仲よくしていこうとする意欲を高める。

出典：筆者作成

(3) 評価

・ミソサザイ、ヤマガラ、ウグイス、小鳥の仲間たちの気持ちを考えながら解決策を構想できたか。

・友だち付き合いについて考えを深めることができたか。

【引用・参考文献】

文部科学省『小学校学習指導要領(平成29年告示)解説 特別の教科 道徳編』廣済堂あかつき、2017年

（中島朋紀）

B 小学校中学年

> 主題名　礼儀ついて考えよう
> 内容項目　B（8）礼儀
> ねらいと教材
> ねらい：礼儀の大切さを知り、誰に対しても真心をもって接する。
> 　教材「フィンガーボール」

出典：作　吉沢久子『4年生のどうとく』文溪堂

1　主題設定の理由

(1)　ねらいとする価値

　礼儀は、社会的な習慣によって形成される身体技法として捉えられる。そして、礼儀を社会的な人間関係への適応と考えるとき、礼儀は人間関係において交互にかわされる交換行為・所作である。つまり、礼儀は互いが交わす交換原理・手段として捉えられ、堅苦しいもの・やらなければいけないものとして受けとめられる。

　そこで、礼儀のもつ初発の生命に立ち返り、礼儀がもつ本来の内実的なよさやよりよく生きようとする意識を支えるものであることを認識させたい。礼儀は気持ちのこもった相互行為であり、相互が歓喜に満ちた「生の技法」であることを見直せるようにしたい。

(2)　児童の実態

　中学年の子どもたちは、低学年で身につけた礼儀に関する態度（元気に挨拶する、感謝の気持ちを表すなど）にどれだけ心を込めることができるかということがポイントとなってくる。子どもたちの多くは、「礼儀とはやらなければならないもの、正しいもの」という捉え方をしている。これはただ行えばいいということ、単に行なうものになってしまっている傾向がある。そこで、「礼儀」という概念に対して考えさせ、本教材「フィンガーボール」を用いて、子どもたちの礼儀という捉え方に揺さぶりかけ、

礼儀に対する見方・考え方を広げ深めていきたい。

(3) **教材について**

［教材の概要］

> 外国から招いたお客をもてなすパーティには上流階級の人々が多数陪席している。時間が経過し寛いだ雰囲気の中で食事が終わり近づき、果物が出され、フィンガーボールが用意される。一人のお客だけは長時間の緊張で喉の渇きを覚え、フィンガーボールの水を飲んでしまう。そこでとった女王の行動は、意外にもお客と同じフィンガーボールの水を飲んだことであった。

出典：作　吉沢久子子『4年生のどうとく』文溪堂

　この教材の道徳的問題は、女王がフィンガーボールの水を飲むという行為である。女王の行為は、周囲のお客を驚かすほどの意外なものであり、一国の女王がとるべき行為ではないと考える。しかし、一方では、この女王の行為は礼儀作法に反するものであるが、相手を思いやる気持ちとしてなされたやさしい親切な行為であると共感できる。礼儀という行為は「その時、そこ」で問われること、礼儀に反するものの直観的に女王の行動は正しいとする理由の一端も考えることができる。女王のとった行為を人間理解という見地から見直し、礼儀のもつ意義やよさについて、子どもたちが道徳的に自分の考えを深めていけるようにしていきたい。

2　本時の展開

(1) **ねらい**

　女王の行為について考えることを通して、相手の立場を思いやり、相手を気遣う心のこもった礼儀を考えようとする態度を養う。

(2) 展開

図表13B-1　展開

展開	学習活動・主な活動	予想される子どもの反応	留意点
導入	1 礼儀について考え、感じたことを発表する。 ○礼儀作法をやっていて、どんなことを思いますか。意識していることはありますか。	・元気に挨拶する。 ・笑顔で、明るく、気持ちよくする。 ・相手をみて、気持ちよくする。 ・やるべきもの、やったほうがいいもの。 ・感謝し、その気持ちを表すもの。	・礼儀について、各々がどのように思っているのかを発表させ、礼儀に対する問題意識をもたせるようにする。
展開前段	2. 教材『フィンガーボール』を途中まで読んで、女王のとった行為について話し合う。 　　**自分が女王であったら、どう行動しますか。** ○女王はお客がフィンガーボールの水を飲んでしまったときに、どんなことを思ったでしょう。 ○自分が女王であれば、どうしますか。 ○女王として、フィンガーボールの水を飲みながら、心の思いを発表する。	・まあ、どうしましょう。（違うのに。） ・あら、いやだ。たいへんだ。 ・どうしたのかしら。フィンガーボールの扱いを知らなかったのかしら。 ・周りのお客がザワザワしてきたわ。 ・かわいそうに。 ・どうにかしないと。 ・パーティがだいなしになるわ。 ・フィンガーボールの水を飲み、お客を守る。 ・お客の失敗をカバーする。 ・カモフラージュして、周囲のお客を落ち着かせる。 ・女王の自分も失敗するところを見せ、お愛敬よく振る舞う。 ・心配しないで、自分も水を飲んでいるから。 ・大丈夫、私がフィンガーボールの水を飲めば、みんな落ち着いてくれるでしょう。 ・私は女王よ、何か言いたいことはありますか。 ・気にしないで。誰でも失敗はあるものよ。 ・みんなの楽しいパーティであってほしい。 ・楽しいパーティのままで終わりたい。	・女王の行為と気落ちとの関係に関心を向けさせる。 ・女王の悩み・心配を想像させる。 ・女王の演技ができる環境をつくる。 ・女王がフィンガーボールの水を飲みながら、どんな思いでいるかつぶやき演技させる。
後段	3. 自分の生活を振り返る。 ○女王のとった行為でお客の立場を理解し、自分たちの礼儀をふり返りましょう。	・相手の立場を考えたい。 ・自分の立場も意識したい。 ・お互いを大事にし、お互いが気持ちよくなるものである。 ・お互いがよりよくなる行動である	・教材の全文を読む。 ・自分や他者の行為から、礼儀の役目・よさに気づかせる。
終末	4. 社会生活をしていく上で、礼儀のよさを生かす行為・態度をもつ。 ○教師の説話を聞く。	・礼儀のもつよさを共有する。	・生きた礼儀というもの意識させる。 ・本時のねらいに即した話をする。

出典：筆者作成

(3) 評価

・授業の話し合いを通して、相手の立場にたって礼儀のよさについて多面的・多角的な見方・考え方ができたか。

・「自分が女王であったらどうするか」と考え話し合うことを通して、自他の立場に立って考えることができたか。

(中島朋紀)

C 小学校高学年

主題名　真心
内容項目　A（2）正直、誠実
ねらいと教材
　ねらい：誠実で、明るいの心で生活する。
　教材「手品師」（出典：作　江橋照雄『みんなのどうとく5年』学研）

出典：作　江橋照雄『みんなのどうとく5年』学研

1　主題設定の理由

(1) **ねらいとする価値**

　人は自分の利益に囚われた行動をとりやすい。ある選択を迫られた場合には、まず自分の都合で考えてしまうのが通常であろう。自己の利益を優先し、自分の良心に従って行動することはなかなかできない。そこで、何かと納得のできる理由を考えて自分の良心に従えない場合も少なくない。そのような人間の弱さを認めた上でよりよく生きていくためには、どうしたらよいのかを考えさせたい。

　自分の良心に照らして悩むことが大切であり、その上で目先の利害に囚われずに、小さな約束でも守り、自分の良心に従って誠実に行動していくことが人間としての真の喜びにつながるということに気づかせていきたい。

(2) **児童の実態**

　明るく素直な心をもって友達と関わり、学校生活を楽しんでいる児童が多い。自分の興味のあることや、欲求が満たされそうなことには、すぐとびついていくが、反面、面倒なことや自分の得にならないようなことに対しては、途中で投げ出し、全く関わろうとしない傾向も見られる。小さな約束等についても、いい加減な対応で相手に対して誠意をつくすことができずに、お互いに嫌な気分になっているような様子も見受けら

れる。本教材を通して、真心をもって誠実に人と接することの大切さに気づかせたい。

(3) **教材について**

[教材の概要]

> 売れない手品師が、公園で出会った少年のために手品をする約束をするが、その晩、友人からの依頼によって、夢であった大劇場で手品をするチャンスが訪れる。手品師は迷いながらもそのチャンスを棒にふり、少年との約束を守り、一人の少年のために手品をやった。

出典：作　江橋照雄『みんなのどうとく5年』学研

　この教材の道徳的問題は、子どもの心に葛藤が生まれるのは、やはり友人から大劇場での手品を誘われる場面である。少年と約束を守ろうとする思いと、大劇場で手品をするという自分の夢を実現したいという思いである。ここに主人公の迷いが生じ、これをいかに解決するかということが問題となる。この問題はジレンマ的であるが、どちらを選択しても、そこには「誠実」という道徳的価値が内在する。大劇場に行くことは、「誠実でない」と捉えることが多いが、自分の夢に向かって正直に行動しようとする心は「誠実」にふさわしい行動である。この考えを基盤として、自分に誠実であるとはどういうことか納得解を見つけさせたい。

2　本時の展開

(1) **ねらい**

　手品師が葛藤する場面を通して、自分の良心に従い真心をもって誠実に行動することの意味について考えさせる。

(2) 展開　　　　　　　図表13C-1　展開

展開		学習活動・主な活動	予想される子どもの反応	留意点
導入		1 「誠実」という言葉のもつイメージを発表する。 ○「誠実な行動」とは、どんな行動であると思うか。	・うそをつかないこと。 ・相手のことを考えること。 ・思いやりのある行動。	・深く掘り下げず、発表させる。
展開	前段	2 教材『手品師』を読んで、学習問題を設定する。 ○手品師は、何で迷っていたか。 少年との約束と友人からの大劇場への誘いで迷っている手品師。自分だったらどうするか。 ○解決方法を話し合う。 自分の考えまとめ、小集団や学級全体で話し合う。	・少年との約束を守るか、大劇場での夢を叶えるか。 ①少年との約束を守る ・先に約束している。 ・少年を喜ばせてあげたい。 ②大劇場へ行く ・夢を実現するチャンス。 ・自分の気持ちに正直になる。 ③その他 ・後で少年に謝る。 ・まず少年に手品を披露し大劇場に行く。 （友達に理由を述べ、上記のように調整してもらう。） ・その逆で、大劇場の後に少年にところへ行けるようにする。 （少年に理由を述べ謝り、上記のように調整してもらう。） 話し合いの結果： うそをつく、正直、悲しませる、約束、誠実、夢等の意味合いが表出される。	・教師が範読し、手品師の言動に着目させる。 ・ワークシートに考えを書かせるとともに、話し合いで友達の気になる意見も留めさせる。 ・行動の理由について発表させる。 ・第3の解決方法についても積極的に取り上げる。 ・役割演技を取り入れ「誠実」な行動について考えさせる。
	後段	5 手品師の選択を考える。	・尊重したい。 ・それでよかったと声をかけたい。 ・少年が喜びが、自分の喜びなった。 ・「ありがとう」と感謝したい。 ・これからきっとビッグになる手品師が楽しみ。 ・自分も他の人に誠実になれそう。 （手品師みたいになりたい。）	・自分に正直に生きることとはどういうことかについて考え深める。 ・手品師の行動を多角的に考える。
終末		6 学習をふり返る。 ○今日の学習で学んだことを発表する。		・ワークシートを使い、「誠実」な行動について学んだことをまとめる。

出典：筆者作成

(3) 評価

・「約束を守るか」「夢を実現させるか」を議論し、多面的・多角的な見方・考え方ができたか。

・自分が望んだことや決断したことに向かい、誠実に生きることに気づき、誠実な生き方について考えることができたか。

（中島朋紀）

D 中学校

> 主題名　認め合い学び合う心
> 内容項目　B（9）相互理解、寛容
> ねらいと教材
> ねらい：自分の考えや意見を相手に伝えるとともに、それぞれの個性や立場を尊重し、いろいろのものの見方や考え方があることを理解し、寛容の心をもって謙虚に他に学び、自らを高めていく。
> 　教材「言葉の向こうに」

出典：『私たちの道徳　中学校』文部科学省

1　主題設定の理由

(1)　ねらいとする価値

　人間は、互いの立場を考え、承認し合ってともに生きている。そのためには他の人の立場を尊重し、認め合い、謙虚に学び合う心が必要である。その心の根底にあるものは、人間尊重の精神に基づく人間に対する深い理解と寛容的な態度がなければならない。

　そこで、自他の存在を意識して、自分も他の人もともに尊重すべきことを自覚し、相互の立場や考えを受け入れ、認め合うことが大切であるということに気づかせたい。

(2)　生徒の実態

　授業中も自分の意見をしっかりともち、発言することができる。仲間に対して、思いやりの態度で接する時もあるが、意見の合わない相手に対して、他を認めたり、受け入れたりすることが苦手である言動も見られる。また、仲間相互の心無い言葉に傷ついたり傷つけたりする経験をもっている。そこで本教材を用いて、人は相互の存在・立場を意識し認め合い、謙虚な姿勢で共に高め合うことの大切さに気づかせ、ねらいとする価値に迫りたい。

(3) **教材について**

［教材の概要］

> 主人公はヨーロッパのサッカーチームのA選手のファンで、インターネットでファン仲間との交流を楽しんでいる。ある試合のきっかけに、心無い書き込みが続いたことに怒った主人公は自分もひどい言葉で応酬して注意されてしまう。自分の気持ちが理解されないことで、あらためて顔の見えないネットでの言葉のやり取りの難しさや恐ろしさに直面した主人公は、読み手の立場を忘れてしまっていた自分に気づく。

出典：『私たちの道徳　中学校』文部科学省

　この教材は情報モラルに関する学習材でもあるが、この教材の道徳的問題は、立場（「立っている場所」）が違えば同じものを見ていても違って見える、また同じ立場で見ても他の人とは違うかもしれないという自他相互の受けとめ方や認識の違いを提示している。違う立場で、他の人が見ていればなおさらである。そこで、コミュニケーションは、一方的に考えを述べ、また言い負かすことではなく、意見のやり取りで相手を認め、理解するというものであるということを考えさせたい。「言葉の向こうにいる人々の顔を思い浮かべてみて」という文章を見た私の変化を通して、相手の立場や考え方を尊重し、自分らしく振る舞うことの大切さを押さえたい。

2　本時の展開

(1) **ねらい**

　「言葉の向こうにいる人々の顔を思い浮かべてみて」という文章を見た私の変化を通して、それぞれの立場を尊重し、いろいろなものの見方や考え方があることを理解し、寛容の心をもち、謙虚に他に学ぼうとする態度を育む。

(2) 展開　　　　　　　　図表13D-1　展開

展開			
	学習活動・主な活動	予想される生徒の反応	留意点
導入	1　インターネットでの経験を話す。 ○インターネットで見ず知らず人とやりとりいたことはありますか。	・ある …………。 ・ない …………。	・今日は、ネット上でのやりとりについて考えることを押さえる。
展開 前段	2　教材『言葉の向こうに』を読んで、話し合う。 　　言葉の向こうにいる人々の顔を思い浮かべてみてましょう。 ○反論する私の気持ちを考える。 　必死で、反論する私の言葉がどんどんエスカレートするのは、どんな気持ちからでしょうか。	・自分の好きな選手の悪口を無視できない。 ・自分が文句を言われてる気がする。 ・ファンのサイトに悪口を書く気がしれない。	・教材を読み確認する。 ・主人公の気持ちを変化を確認する。
	○パソコンでのやりとりに納得できない私の気持ちを考える。 　食事の後、パソコンを見て、やり取りした私は、どうして「もう見たくない」と思ったのでしょう。	・必死で、反論する私の気持ちをわかってくれない。 ・悪いのは、私でないので非難された。 ・仲間だと思っていたのに非難された。	
	◎「言葉の向こうにいる人々の顔を思い浮かべてみて」と投げかけられて、私が気づいたことを考える。 　椅子にもたれて、考えていた私は、「そうだ……」と、どんなことに気がついたのでしょう。	・相手の気持ちとか全然考えてなかった。 ・わかろうともしなかった。 ・相手の顔が見えないので、字面だけにとらわれていた。 ・コミュニケーションって、言葉だけでするものではないんだ。 ・相手を負かすことだけしか考えていなかった。 ・言い合う（ケンカ）ためでなく、楽しむためにアクセスしていたのに。 ・反論する相手も見えていなかった。 ・自分の言をたくさんの人が見ていることを考えていなかった。	・コミュニケーションとはどんなことかも考えさせる。
後段	3　パソコン上のやり取り全体を通して、私が気づいたことを考える。 　私が、発見したすごいことは何でしょう。	・ネット上でのコミュニケーションのあり方。顔が見えないから気をつけなくてはならない。 ・自他を意識すれば、ネット上でもすばらしいコミュニケーションができる。 ・人の気持ちを考えることをネット上で学ぶことができた。 ・いろいろな考えを受けとめることが大切だ。 ・ネット上では、たくさんの人と同時にコミュニケーションしているんだ。	・ネット上のコミュニケーションの特性について、触れることになるかもしれないが、そのことに深入り過ぎない。 ・内容項目B(9)を押さえる。
終末	4　本時の学習で、学んだことを共有する。	・今日の感想を書く。	・「私たちの道徳」の活用も考えられる。

出典：筆者作成

(3) **評価**

・ネット上に書き込みをする主人公（私）の変化を話し合い、多面的・多角的な見方・考え方ができたか。

・「言葉の向こうにいる人々の顔を思い浮かべてみて」考えた主人公（私）と自分を重ね、相手の立場や考え方を理解し、寛容的な気持ちで謙虚な態度をもとうとすることができたか。

（中島朋紀）

第14章 道徳教育の課題

A しつけ・生活技術

1 「しつけ」とは

　大人が子どもに対し、生き方や生活様式を教え込むことである。それは、その文化で生活していく上で、社会の規範を踏まえたあるべき姿を「型」として習得させることである。

　「しつけ」には、本田に稲を仕付けすることや、衣服において「縫い目を正しく整えるために仮にざっと縫いつけておく」意味もある。このことからも、「しつけ」は、ある一定の「型」にはめることを想像させるが、大人の一方的に強制的な権力行使となってはいけない。主として、大人から子どもへ、意図的に行われる行為であり、「教育」と似た意味を持つ。しかしながら、学校で行われる教育・学習とは「しつけ」は区別される。それは、しつける者が、しつけられる未成熟者を望ましい姿、あるべき姿へ方向づける細やかな配慮でなくてはならないからである。

2 「しつけ」の役割

　「しつけ」の主たるものは、生活習慣を習得させることである。特に、乳幼児期に修得することが望ましいといわれる、基本的生活習慣（食事・睡眠・排泄・着脱衣・清潔）が挙げられる。基本的生活習慣がしつけられることにより、生活リズムが整えられ、身辺自立につながる。そして、児童期に入ると、それまでは大人と共に行っていた生活技術が、より繊細にそれが獲得され、生活の安定やスムーズさにつながっていく。

　乳幼児期の「しつけ」の役割として、重要な課題は、基本的生活習慣

の獲得と言えるが、それだけではない。その社会の中で生活していくための規範意識や行動様式、心の在り方、しつけの受け手の思考にも大きく影響がある。「しつけ」の目標は、受け手がその社会の中で、自分の意志のもと、安全かつ自由に生活・行動することと言える。そのためにも、しつける者が一方的に「型」を教え込むのではなく、繰り返し行われる望ましい行動をもとに、未成熟者が、「自分なりにやってみよう」という意志や自主性を持つことが重要だといえる。要するに受け手である未成熟者、殊に子どもの自主性を前提とする必要があり、大人が一方的に行うものではないのである。

　また、しつける者の考える望ましい行動は、未成熟者が社会で生活していく上で本当に重要なのか、改めて問う必要がある。しつける者の規範意識や行動様式の在り方、思考内容が、未成熟者に対し重要な指針であるためである。「親の背中を見て育つ」といったことわざにもあるように、しつける者が無意識、無自覚な部分まで、吸収しようとする。「しつけ」とは、どうしても受け手である、未成熟者の成長に対する評価に目が奪われる。しかし実は、しつける者の社会での在り方が、他者や未成熟者を通し外界に対し示されていることを意識せねばならない。成長しているのは、未成熟者だけでなく、それらを通し、しつける者自身も成長できるのである。

3　生活技術の獲得の必要性

　「しつけ」は、生活において事故や危害、天災などから自分の身を守るなどといった生命の安全、保持に関すること、社会生活を円滑にすすめていくための規範意識やマナー等とも深く関係している。

　しかしながら、実際はどうであろうか。顔を洗わずに登園・登校する子ども、ひもが結べないのにひも靴で登校し、転び、怪我を負う子ども、飲み物がこぼれても雑巾が絞れず、びちょびちょのまま拭いてしまう子ども、

食事中に椅子に片膝を立てて食事をとる学生、お客様に日本茶が入れられない社会人など、生活の習慣化がなされているものの、生きる上で必要な生活技術が伴っておらず、生活そのものが危うくなっている場面が多くみられる。

　生活をする中で、様々な場面で必要な生活動作がある。生活はある一定のリズムで毎日繰り返される。そのため、生活動作も同様に繰り返される。動作が生活技術の獲得により、より円滑にすすめられる。

　この生活技術の獲得は、一回で終わるものでない。繰り返し行われる生活の営みに際し、反復される。たとえば、箸の持ち方・使い方、雑巾絞りや手洗い・うがい、包丁を使うことや調理などが挙げられる。生活技術の獲得は、一回の体験、指導で獲得されるのではなく、繰り返し継続した生活の中で形成されていく。

　また、先に挙げた多くの生活技術は、手の器用性、巧緻性と関係がある。生活技術が手に関係があるため、手の器用さが生活技術スキル向上にもつながる。

　生活技術を身につけるには、家庭や学校の果たす役割が重要だといえる。繰り返される生活において、大人がすべてやるのではなく、子どもの成長や発達、時期などを見極めたうえで、生活体験をさせることが必要である。この体験不足が、生活技術獲得に繋がらず、上記に挙げたような子どもらの姿となるのである。

【引用・参考文献】
　平井信義『平井信義のしつけ無用論』くもん出版、1991年
　谷田貝公昭監修、村越 晃著『子どもの生活習慣と生活体験の研究』一藝社、2009年
　谷田貝公昭、村越 晃監修『しつけ辞典』一藝社、2013年

（谷田貝 円）

B 情報モラル

1 情報モラルに関する指導

　学習指導要領（平成20年告示）では「情報社会で適正な活動を行うための基になる考え方と態度」を「情報モラル」と定め、各教科等の指導の中で身に付けさせることとしている。平成29年告示の学習指導要領「特別の教科道徳（以下「道徳科」という）」においても、情報モラルに関する指導について、道徳科では、その特質を生かした指導の中での配慮が求められると示されている。

2 情報モラルに関する道徳科等の指導事例

　事例①は、中学2年生の学級で「LINE外し」を扱った資料により、話合い活動を通して道徳的価値の自覚を深めた道徳科の授業実践である。事例②は、NHK学校放送番組『いじめをノックアウト』（特別活動）で取り上げたネットトラブルについての内容で、各自の自己決定を促す番組構成となっている。事例①と②の内容は、どちらも中学生の「LINE」上のトラブルを扱っている。筆者は、道徳的な価値を高めていく道徳の時間と道徳的実践の場としての特別活動を比較し、大学生に①授業の動画視聴後に②の番組を見せ、情報モラルに関わる指導の取り組み例として示した。①の道徳科では「自覚」や「自律」を促すこと、②の特別活動では「行動改善」の促進に着目させた。

事例①道徳科の授業実践
○主題名　「自他に対する誠実な判断と言動」〔誠実、自主自律、責任〕
○ねらい　自己の尊厳に気づくとともに、善悪に対して主体的、かつ誠実に判断して、望ましい行動をとろうとする態度を育てる。

○資料名 「透き通って見えてきた世界は」（自作資料）
○内容　図表14B-1のとおり、中学2年生が主人公で、友人が「LINE外し」にあっていることが分かり、それに加担する事態から抜け出そうとする矢先に、主人公自身が「LINE外し」の標的になってしまうという資料に基づき、自分ならどうするかを話し合う授業では、主人公の心情に迫りながら、自分自身に誠実に向き合い判断して行動しその結果に責任を持とうとする生き方を考えさせた。

図表14B-1　学習指導案（抜粋）

	学習活動と主な発問	指導上の留意点
導入	1. 自分の生活について振り返る。 ・自分の人生を自分で選んで生きているか。周りの人に言われるがままに流されたり、縛られたりしていることはないか。	・これまでの学習（「ネットトラブルについて」、進路学習等）を想起させ、道徳的価値への方向付けを行う。
展開	2. 資料を読んで話し合う。 ・自分が主人公の立場で、友人が「LINE外し」にあっていることが分かったら、どういう行動をとるか。 ・出された意見について、自分の考えに一番近いのはどれか。 ・「透き通って見えてきた世界」とは、どんな世界か。 3. 自己を振り返る。 ・話合いを通して、これからの自分に生かせそうなこと、授業を通して考えたことは何か。	・自分の身に置き換えて考えさせる。 ・理由を述べたり、質疑応答をしたりしながら、自分の価値観と向き合い、深められるようにする。 ・主人公の心情や生き方に迫れるようにする。 ・自己の経験を振り返り、道徳的価値の自覚を深める。
終末	4. 教師の説話を聞く。	・進路選択や様々な生活の場面で生かせるようにする。

出典：境野朋美、2015年

事例②「ネットでトラブル!? どう切り返す？」概要
○ねらい　ネットトラブルの悪化を防ぐ方法を話し合って考える。
○内容　中学2年生の学級で、具体例をもとにネット上の悪口に遭遇したときの「切り返し方」を話し合う。番組では、「LINE」上で「返信しない」「話題を変える」などで悪口を無視して触れない方法についての話合いや返信文の書き方に知恵をひねる様子が紹介された。（「ディレクター'sメモ」より抜粋）

3　道徳科における情報モラルに関する指導の今後に向けて

　道徳科の目標は、「（前略）よりよく生きるための基盤となる道徳性を養うため、道徳的諸価値についての理解を基に、自己を見つめ、物事を

(広い視野から) 多面的・多角的に考え、自己の生き方（人間としての生き方）についての考えを深める学習を通して、道徳的な判断力、心情、実践意欲と態度を育てる。」と学習指導要領に示されている（括弧内は中学校、下線は筆者）。

今日、情報化社会の進展により、瞬時に世の中の情勢を知り、個人が自身の言論や情報も即時に発信できる便利な時代になった反面、SNS（ソーシャルネットワーキング・サービス）等のツールによる誹謗中傷等が問題となり、特に「ネットトラブル」については、道徳科の目標が掲げる多面的・多角的な考え方を否定することにつながらないかと危惧するものである。個人が自由に主張しコミュニケーションできるというSNSの利点は、排他性等を生む不寛容さの手段にもなり得る。

道徳的諸価値の理解の一つとして「他者理解」がある。道徳的価値を実現したり実現できなかったりする場合の感じ方、考え方は多様であるということを前提として理解することである。情報モラルに関わる他者への思いやり等の価値の自覚を道徳科の時間に促し、全ての教科の要とされている道徳科の指導内容を学校の教育活動全体の取り組みに生かしていくことがますます重要になってくる。

また、今回の学習指導要領で重視されている主体的・対話的で深い学びは、多様な考えを認め合う人間関係の充実に結び付くことが期待される。対面のコミュニケーションの場となるリアルな人間関係を大切にし、自己のよりよい生き方について考えを深めることのできる子どもの育成を図っていきたい。

【引用・参考文献】
NHK学校放送『いじめをノックアウト』ネットでトラブル!?どう切り返す？ 2014年
鈴木賢一「透き通って見えてきた世界は」(2015年)、境野朋美が授業実践
文部科学省「小学校・中学校学習指導要領解説 総則編 平成20年8月・9月」
文部科学省「小学校・中学校学習指導要領解説 特別の教科 道徳編 平成29年7月」

（鈴木敦子）

C 家庭・地域社会等

1 家庭教育の特徴と課題

　道徳教育を実践する上で、家庭生活のあり方を無視することはできない。子どもの良心は、まず母親を初めとする家族の態度、行動を模倣することにより、培われる。母親や父親がして良いと考え、またしてはいけないと考え行動すること、このことが子どもの良心の原型を形作る基礎となる。「三つ子の魂百までも」という諺どおり、子どもの善悪判断の基盤がある程度培われると、あとからそれを覆すことは容易ではなくなる。一般に、家庭教育や幼児教育は、植物の木の根の育成に例えられる。道徳教育においても全く同じことが言えるだろう。

　生活技術や生活習慣が、道徳の外的形式であるとすれば、家庭において育まれる良心は、道徳の核心にあたる。

　母親や父親は、学校教師と比較したとき、大体の場合、教育に関する専門的な知識をもってはいない。教育の専門家ではない家族が子どもの良心の基盤を育んでいくところに、家庭での道徳教育の特徴がある。

　学校教師は、子どもを指導する時間が学齢期、また指導の範囲が学校という場所に限定される。これに対して、母親や父親は、子どもが成人するまで責任をもって、否、厳密に言えば、成人してからも継続的に家庭教育を遂行するのである。

　子どもは、家族の役割関係を習得する。家族の一員である子どもは、家族としての役割を担うことで、何をして良いか悪いかを学んでいく。また望ましい生活習慣や技術、その具体的な生活様式を躾によって身につけていく。

　家庭で道徳教育を実践するコツは、場面に応じて、その状況次第で何が悪いのか、何が善いことなのか、実生活の中で子ども自身に判断させ

考えさせる機会を豊富に設定することである。

家庭の道徳教育の影響は誠に大きいが、もちろん限界もある。家庭は、限られた人間関係の共同体に過ぎず、大多数の人間が生き、生活する社会の規範そのものを体験的に示すことはできない。家庭における道徳教育の課題は、家族にとって何ができて、何ができないのか、あるいは何をすべきか、何をするべきではないのかを明確にし、道徳教育を実践することである。

現代の家庭の変化は、道徳の面からも深刻な影響を及ぼしている。人的な大きな変化は、少子化と核家族化である。少子化は、家庭において異年齢の子どもと生活する経験を減少させる。それは、異年齢間の道徳的関係を学ぶ機会も、減少することを意味する。また核家族化は、祖父や祖母が近くにいないことにより、高齢者と触れ合う機会を減少させる。またそれは、自分よりも年上世代の道徳が何であるかを学ぶ機会を失わせていくことになる。

現代は、都市化に代表される変化の渦中にある。都市化は、家庭を孤立させ、外部の個人情報が容易に得られない状態にする。いわば、家族は、外部にいる、個人的なことについて特定できない人々を、家庭の中から眺め、日々、こうした人々との関係を保っている。このように、個人情報が厳格に管理された社会は、フェイス・トゥ・フェイスの具体的な関係性を奪っていく傾向がある。都市化現象は、道徳的教育上、多くの問題を引き起こす。都市化に付随して起こっている問題は、伝統的規範の消失、直接的コミュニケーションの不足、自己本位の横行である。

2　地域での道徳教育の課題－地域の感化力

家庭の中で、良いことは何か、悪いことは何か、そして良いことを実行していく経験を積むことが家庭での道徳教育の課題であるとすれば、地域の中で、道徳的な善悪を考え、判断し、行動していくことが、地域

の中での道徳的な生活である。そしてこの地域の生活の中で子どもたちがうける道徳的感化、それが地域の道徳教育の核となる。またこの地域生活の道徳的感化力を保つことが、現代の課題になっている。

　しかし地域での教育力が、これまでになく、著しく低下している。地域の中で濃密であった人間関係は、希薄化され、隣近所は何をしているかわからない関係になっている。また自分のプライベートな事情も他者に知られたくないのが、現在の私たちの生活である。同じ地域の中に住まう個人と個人は顔をつきあわせていても、相手の情報について何も知らないのが当たり前になっている。とすれば、私たちは、どうしても隣近所に対して、あたらずさわらずの生活をするよう余儀なくされていく。いわゆる地域の中での見張り番的な「カミナリ親父」も、とうの昔にいなくなった。また子ども会がかつてほど興隆を見せず、ガキ大将が見られなくなって久しい。自分のことを顧みず、あるときにはおせっかいに声をかけてくれる人たちは、都市部においては、殆ど皆無になりつつある。

　人をだましてはならない、などの規範が万人に当てはまる一方、地域の中では、善悪のあり方がより具体的な姿となっていく。例えば、エスカレーターで急ぐ人、急がない人の位置が、不文律として、決まっている。そしてそれが関東圏と関西圏では逆側になっている。この個々の地域固有のライフスタイルに従わなければ、公衆のマナーを守っているとは言い難くなる。つまり地域の道徳の範囲は、法律や条令、規制には現れない、人々の生活の仕方、生活スタイルにまで広がっている。法律・条令を遵守するだけでなく、明文化されていない生活のルールを学ぶことが、地域での道徳教育の重要な課題となっている。

【引用・参考文献】
　ヴォルフガング・ブレツィンカ、岡田渥美・山﨑高哉監訳、『価値多様化時代の教育』玉川大学出版部、1992年

（大沢　裕）

第15章 教師の道徳的指導と子どもの実践行為

1　道徳教育の目指すもの

　道徳教育は、道徳性を子どもたちに内在化させていくものである。道徳性とは、2017（平成29）年3月告示の小学校学習指導要領には、「道徳的な判断力、心情、実践意欲と態度」と示されている。この道徳性を養うことが、道徳教育の目標となる。『小学校学習指導要領（平成29年告示）解説 特別の教科 道徳』には、以下のように説明されている。

　道徳的判断力とは、「それぞれの場面において善悪を判断する能力」である。それは、道徳的な価値を理解しており、さまざまな場面において善悪を判断する能力のことである。道徳的心情とは、「道徳的価値の大切さを感じ取り、善を行うことを喜び、悪を憎む感情」のことである。教育学者の林 泰成（前出）が指摘しているように、「心情は、いわば、エネルギーを充填することにたとえることができる」ものであり、道徳的価値に向けての判断、実践意欲と態度、道徳的行為に向けての大きな根源的な力である。実践意欲と態度とは、「道徳的判断力や道徳的心情によって価値があるとされた行動をとろうとする傾向性」であり、「具体的な道徳的行為への身構え」である。つまり、実践意欲と態度とは、具体的な道徳的行為の根底にある価値観なのである。

　道徳的な判断力、心情、実践意欲と態度によって構成される道徳性は、個々人の内面に培われる価値観であり、その価値観を養うことこそが、道徳教育の目的であり目標である。そのことから考えると、道徳性を培うことなしに、表面的には道徳的に見える行為が行われたとしても、それは道徳教育としては大きな意味をもたない。

2　道徳教育の困難性

　道徳教育を考える場合、大きな困難性にぶち当たる。それは、道徳は教えることができるのかという問題である。道徳を単に習慣的、客観的な規範と考え、それらの知識を教授すればよいのであれば、それは他の教科と同様のレベルで可能であろう。また、表面的な道徳的行為のみを問題にして、客観的な標準を与えて、単にそれらを表面的に実践させるだけであれば、比較的に容易に行うことができるであろう。

　だが、道徳性を養うということは、個々人の内面に道徳的価値観を培うということである。それは、可能なのであろうか。道徳教育の本質を反省的・創造的に道徳性を養うことに求め、知行合一が道徳の本質であるとするならば、道徳を教えるということは至難の業ということになる。つまり、道徳的価値観を培い、それに基づいて行動できる子どもを育てることの困難さである。

　戦前・戦中、修身科という道徳教育の教科があった。その授業方法は徳目を注入するものだった。例えば、二宮尊徳の訓話を基に勤勉であれと教え込むのである。知識として徳目は教授できたかもしれないが、道徳性を養えたかというと疑問である。修身科では試験があり、成績もつけられた。試験では立派な答案を書いても、普段の生活はそれとは懸け離れているという例もあったという。道徳に関する知識は大切だ、知識だけでは道徳性は養えない。では、どう指導すればよいのだろうか。

3　道徳教育の構造と道徳教育の可能性

　道徳教育については、道徳科を要として学校教育全体を通して行うということが、現在の日本の小・中学校における指導の構えである。

　各教科の中で培われる科学的な知識や探求心は大切である。国語科において、思考力や想像力を養い、言語感覚を豊かにすることは、道徳的

な心情や道徳的な判断力を養う基盤になる。社会科において、地域社会に対する誇りと愛情、我が国の国土と歴史に対する愛情を涵養することは、伝統と文化を尊重し、我が国と郷土を愛することにつながっていく。社会科の公民学習や国際理解学習は、平和で民主的な国家及び社会の形成者を育てることにつながっている。芸術教科で育まれる情操、体育科を通して培われるフェアプレイの精神も道徳教育につながっていく。総合的な学習の時間において取り組まれる国際理解教育や環境教育、福祉教育についても、国際理解・国際親善、国際貢献、自然愛護、社会福祉に関する体験的な学習活動を通して、それらの道徳的価値観を養う上で大きな働きをしている。外国語科や外国語活動においては、外国語を用いてコミュニケーションを図ろうとする態度を養うことが求められている。これは、他者に配慮し受け入れる寛容な精神や多面的な思考につながるものである。

　特別活動における話し合い活動や実践活動など、それらはすべて直接的に道徳教育につながっている。特に、学級活動は、自発的、自治的活動を通して望ましい人間関係を形成し、基本的な生活習慣の形成や自己実現を目指すものであるという意味において、道徳教育にとって重要な教育活動である。児童会活動やクラブ活動は、異年齢の子どもたちのよりよい人間関係を形成しようとするものである。学校行事においては、よりよい人間関係、協力、責任、公徳心、社会奉仕の精神等を培うことを目指されている。すなわち、特別活動の話合い活動や実践活動の中で、道徳的な価値観、すなわち道徳性を養おうとしているのである。

　以上のような学校教育の全体を通した道徳教育は、道徳科を要として行われることになる。道徳科の学習は、「道徳的諸価値について理解する」、「自己を見つめる」、「物事を多面的・多角的に考える」、「自己の生き方についての考えを深める」ことによって構成される。決して徳目を子どもたちに注入していくものではないのである。

　そして、道徳科の授業の特質は考え、議論することを通して、道徳的

判断力を養うところにある。教育学者の浅沼茂（1951～）は、アメリカの心理学者であるコールバーグ（前出）とドイツの哲学者・社会学者であるハーバーマス（Jürgen Habermas, 1929～）の理論を基に、異なる立場でも考え、議論する授業方法を提案している。道徳科の授業では、従前の読み物資料の登場人物の気持ちを追っていく授業よりも、考え、議論させる授業に関する実践的な研究が重要視されるようになると考える。

　道徳教育が実際に効果を上げるためには、学校教育の全体の中で、一貫した道徳教育としての指導が適切に展開されなければならない。例えば、道徳科で友情や信頼の道徳的価値を養おうとしているのに、学級生活がギスギスしており信頼し合い協力して活動できる状態でないならば、道徳科の授業をいかに工夫したとしても、それは意味をなさない。また、家庭及び地域社会においても一貫した指導がなされなければ、道徳教育が大きな成果を上げることは難しい。一貫性のある適切な指導があってこそ道徳性は養われるのであり、道徳的行為の実現も可能になる。そこで重要なポイントになってくるものが、教師の存在である。

4　道徳教育と教師の存在

　フランス革命の混乱期にスイスで活躍した教育思想家であり教育実践家であるペスタロッチー（前出）は、フランス軍に蹂躙されたシュタンツで、孤児や貧児を集めたシュタンツ孤児院において、たった一人で子どもたちの養護と教育にあたった。彼は、そこで孤児や貧児の指導をする中で教育の原理を紡ぎ出していったのである。ペスタロッチーは、「シュタンツだより」の中で次のように述べている。「私にはただ、子供たちだけがおりました。彼らが健康なときは、私は彼らの真ん中にいました。彼らが病気のときは、私は彼らのそばにいました。私は夜は一番最後にベッドに就き、朝は一番早く起きました。私はベッドのなかでも彼らが

寝つくまで彼らとともに祈り、そして教えました」まさに、子どもたちのために孤軍奮闘したのであった。

そして、「私は子供たちのうちに内面的な力が育っているのを見ました。それがどの子供たちにも行き渡っていたことは私の予期せぬことでしたし、その内面的な力の発現する様子は私を驚かせ、感動させもしました」とも述べている。そこには、道徳性が培われた子どもたちの姿があったのである。この事例は、教育の天才ペスタロッチーだからできたことだと考えられるかもしれない。

だが、教育の天才ではない私たちも、子どもたちを前にして日々道徳教育に挑戦しなければならない。自分自身が道徳的に途上にある教師が、道徳的に途上にある子どもたちの指導に挑まなければならないのである。過ちも多々あることであろう。それでも挫けずに、子どもたちと共に人間としての完成に向けて前進しなければならない。日々、自分自身の教育活動を省察し、一歩一歩進んでいかなければならないのである。そのような教師の存在があってこそ、子どもたちの内面に道徳性を養い、道徳的行為を導き出すことが可能になるのである。

【引用・参考文献】
浅沼茂編著『思考力を育む道徳教育の理論と実践―コールバーグからハーバーマスへ』黎明書房、2018年
中山博夫「グローバル時代おける道徳教育に関する一考察」目白大学人文学研究第14号、2018年
林泰成『道徳教育論』（放送大学教材）放送大学教育振興会、2009年
村井実『道徳は教えられるか』国土社、1967年
森川直訳『〔改訂版〕ペスタロッチーのシュタンツだより クラフキーの解釈付き』東信堂、2004年
文部科学省『小学校学習指導要領（平成29年告示）』東洋館出版、2017年
文部科学省『小学校学習指導要領（平成29年告示）解説 特別の教科 道徳編』廣済堂あかつき、2017年

（中山博夫）

コラム❷　アクティブ・ラーニングを生かす道徳授業とは

　2020年の学習指導要領の全面改訂に先行し、小学校で2018（平成30）年度、中学校で2019年度から、「特別の教科　道徳」が完全実施となる。この道徳科では、他の教科同様アクティブ・ラーニングを積極的に導入し、これからの時代に求められる資質・能力としての道徳性を育成するために、指導方法や評価方法の抜本的な改善・充実を図ることが重要である。それは、文部科学省がスローガンとして掲げるように、従来の「読む道徳」から「考え、議論する道徳」への質的転換を意味している。具体的には、従来のように登場人物の心情を読み取らせ、道徳的価値を知識内容として子どもに教え込むような授業ではなく、子どもが道徳上の諸問題を発見し、その解を自ら考え判断し、互いに議論し合う中で、現実社会でも生きて働く資質・能力（コンピテンシー）を育成する授業に質的転換することが望まれる。
　このようにアクティブ・ラーニングを導入する道徳科においても、子どもたちが主体的に道徳上の問題を発見して、その解決策を考え判断し、協働的に話し合う議論を深めていく学習が求められる。そこでは、子どもが道徳上の問題として切実に考え、自分なりに悩み考え判断するとともに、他者と意見交流する中で、主体的に自己の生き方や価値観を創り上げていくことが大事である。また、教師自身も自分の価値観とも向き合い、子どもたちとともによりよい「自分の生き方」や「人間としての生き方」を問う勇気が必要である。子ども自身が問題に取り組み、他者と共によりよく生きるための基盤となる道徳性を養うため、さまざまな学びや気づきを通して考えを深め発展させ、アクティブ・ラーニングを生かす道徳授業が展開できるように努め改善する必要がある。このようなアクティブ（能動的、積極的）な学習活動を手段として、道徳性を養う道徳授業の質的転換が、今、求められている。

（中島朋紀）

付録 学習指導要領等（平成29年3月告示）抜粋

【抜粋箇所】

●教育基本法（前文）・教育基本法　第一章　教育の目的及び理念
●小・中学校学習指導要領第1章　総則　第1小学校の基本と教育課程の役割
●小学校学習指導要領　第3章　『特別の教科　道徳』
●中学校学習指導要領　第3章　『特別の教科　道徳』

教育基本法　　　平成十八年十二月二十二日法律第百二十号

　我々日本国民は，たゆまぬ努力によって築いてきた民主的で文化的な国家を更に発展させるとともに，世界の平和と人類の福祉の向上に貢献することを願うものである。
　我々は，この理想を実現するため，個人の尊厳を重んじ，真理と正義を希求し，公共の精神を尊び，豊かな人間性と創造性を備えた人間の育成を期するとともに，伝統を継承し，新しい文化の創造を目指す教育を推進する。
　ここに，我々は，日本国憲法の精神にのっとり，我が国の未来を切り拓く教育の基本を確立し，その振興を図るため，この法律を制定する。

第一章　教育の目的及び理念

（教育の目的）
第一条　教育は，人格の完成を目指し，平和で民主的な国家及び社会の形成者として必要な資質を備えた心身ともに健康な国民の育成を期して行われなければならない。
（教育の目標）
第二条　教育は，その目的を実現するため，学問の自由を尊重しつつ，次に掲げる目標を達成するよう行われるものとする。
　一　幅広い知識と教養を身に付け，真理を求める態度を養い，豊かな情操と道徳心を培うとともに，健やかな身体を養うこと。
　二　個人の価値を尊重して，その能力を伸ばし，創造性を培い，自主及び自律の精神を養うとともに，職業及び生活との関連を重視し，勤

労を重んずる態度を養うこと。
　三　正義と責任，男女の平等，自他の敬愛と協力を重んずるとともに，公共の精神に基づき，主体的に社会の形成に参画し，その発展に寄与する態度を養うこと。
　四　生命を尊び，自然を大切にし，環境の保全に寄与する態度を養うこと。
　五　伝統と文化を尊重し，それらをはぐくんできた我が国と郷土を愛するとともに，他国を尊重し，国際社会の平和と発展に寄与する態度を養うこと。
　(生涯学習の理念)
第三条　国民一人一人が，自己の人格を磨き，豊かな人生を送ることができるよう，その生涯にわたって，あらゆる機会に，あらゆる場所において学習することができ，その成果を適切に生かすことのできる社会の実現が図られなければならない。
　(教育の機会均等)
第四条　すべて国民は，ひとしく，その能力に応じた教育を受ける機会を与えられなければならず，人種，信条，性別，社会的身分，経済的地位又は門地によって，教育上差別されない。
　2　国及び地方公共団体は，障害のある者が，その障害の状態に応じ，十分な教育を受けられるよう，教育上必要な支援を講じなければならない。
　3　国及び地方公共団体は，能力があるにもかかわらず，経済的理由によって修学が困難な者に対して，奨学の措置を講じなければならない。

小・中学校学習指導要領

第1章　総則

● 第1　小学校教育の基本と教育課程の役割

1　各学校においては，教育基本法及び学校教育法その他の法令並びにこの章以下に示すところに従い，児童の人間として調和のとれた育成を目指し，児童の心身の発達の段階や特性及び学校や地域の実態を十分考慮して，適切な教育課程を編成するものとし，これらに掲げる目標を達成するよう教育を行うものとする。

2　学校の教育活動を進めるに当たっては，各学校において，第3の1に示す主体的・対話的で深い学びの実現に向けた授業改善を通して，創意工夫を生かした特色ある教育活動を展開する中で，次の(1)から(3)までに掲げる事項の実現を図り，児童に生きる力を育むことを目指すものとする。
(1)　基礎的・基本的な知識及び技能を確実に習得させ，これらを活用して課題を解決するために必要な思考力，判断力，表現力等を育むとともに，主体的に学習に取り組む態度を養い，個性を生かし多様な人々との協働を促す教育の充実に努めること。その際，児童の発達の段階を考慮して，児童の言語活動など，学習の基盤をつくる活動を充実するとともに，家庭との連携を図りながら，児童の学習習慣が確立するよう配慮すること。
(2)　道徳教育や体験活動，多様な表現や鑑賞の活動等を通して，豊かな心や創造性の涵養を目指した教育の充実に努めること。
　　　学校における道徳教育は，特別の教科である道徳（以下「道徳科」という。）を要として学校の教育活動全体を通じて行うものであり，道徳科はもとより，各教科，外国語活動，総合的な学習の時間及び特別活動のそれぞれの特質に応じて，児童の発達の段階を考慮して，適切な指導を行うこと。道徳教育は，教育基本法及び学校教育法に定められた教育の根本精神に基づき，自己の生き方を考え，主体的な判断の下に行動し，自立した人間として他者と共によりよく生きるための基盤となる道徳性を養うことを目標とすること。
　　　道徳教育を進めるに当たっては，人間尊重の精神と生命に対する畏敬の念を家庭，学校，その他社会における具体的な生活の中に生かし，豊かな心をもち，伝統と文化を尊重し，それらを育んできた我が国と郷土を愛し，個性豊かな文化の創造を図るとともに，平和

で民主的な国家及び社会の形成者として，公共の精神を尊び，社会及び国家の発展に努め，他国を尊重し，国際社会の平和と発展や環境の保全に貢献し未来を拓く主体性のある日本人の育成に資することとなるよう特に留意すること。

(3) 学校における体育・健康に関する指導を，児童の発達の段階を考慮して，学校の教育活動全体を通じて適切に行うことにより，健康で安全な生活と豊かなスポーツライフの実現を目指した教育の充実に努めること。特に，学校における食育の推進並びに体力の向上に関する指導，安全に関する指導及び心身の健康の保持増進に関する指導については，体育科，家庭科及び特別活動の時間はもとより，各教科，道徳科，外国語活動及び総合的な学習の時間などにおいてもそれぞれの特質に応じて適切に行うよう努めること。また，それらの指導を通して，家庭や地域社会との連携を図りながら，日常生活において適切な体育・健康に関する活動の実践を促し，生涯を通じて健康・安全で活力ある生活を送るための基礎が培われるよう配慮すること。

3 2の(1)から(3)までに掲げる事項の実現を図り，豊かな創造性を備え持続可能な社会の創り手となることが期待される児童に，生きる力を育むことを目指すに当たっては，学校教育全体並びに各教科，道徳科，外国語活動，総合的な学習 の時間及び特別活動（以下「各教科等」という。ただし，第2の3の(2)のア及びウにおいて，特別活動については学級活動（学校給食に係るものを除く。）に限る。）の指導を通してどのような資質・能力の育成を目指すのかを明確に しながら，教育活動の充実を図るものとする。その際，児童の発達の段階や特性等を踏まえつつ，次に掲げることが偏りなく実現できるようにするものとする。

(1) 知識及び技能が習得されるようにすること。
(2) 思考力，判断力，表現力等を育成すること。
(3) 学びに向かう力，人間性等を涵養すること。

4 各学校においては，児童や学校，地域の実態を適切に把握し，教育の目的や目標の実現に必要な教育の内容等を教科等横断的な視点で組み立てていくこと，教 育課程の実施状況を評価してその改善を図っていくこと，教育課程の実施に必要な人的又は物的な体制を確保するとともにその改善を図っていくことなどを通して，教育課程に基づき組織的かつ計画的 に各学校の教育活動の質の向上を図っていくこと（以下「カリキュラム・マネジメント」という。）に努めるものとする。

小学校学習指導要領

第3章『特別の教科　道徳』

● 第1　目標

第1章総則の第1の2の(2)に示す道徳教育の目標に基づき，よりよく生きるための基盤となる道徳性を養うため，道徳的諸価値についての理解を基に，自己を見つめ，物事を多面的・多角的に考え，自己の生き方についての考えを深める学習を通して，道徳的な判断力，心情，実践意欲と態度を育てる。

● 第2　内容

学校の教育活動全体を通じて行う道徳教育の要である道徳科においては，以下に示す項目について扱う。

A　主として自分自身に関すること
［善悪の判断，自律，自由と責任］
〔第1学年及び第2学年〕
よいことと悪いこととの区別をし，よいと思うことを進んで行うこと。
〔第3学年及び第4学年〕
正しいと判断したことは，自信をもって行うこと。
〔第5学年及び第6学年〕
自由を大切にし，自律的に判断し，責任のある行動をすること。
［正直，誠実］
〔第1学年及び第2学年〕
うそをついたりごまかしをしたりしないで，素直に伸び伸びと生活すること。
〔第3学年及び第4学年〕
過ちは素直に改め，正直に明るい心で生活すること。
〔第5学年及び第6学年〕
誠実に，明るい心で生活すること。
［節度，節制］
〔第1学年及び第2学年〕
健康や安全に気を付け，物や金銭を大切にし，身の回りを整え，わがままをしないで，規則正しい生活をすること。

〔第3学年及び第4学年〕
　自分でできることは自分でやり，安全に気を付け，よく考えて行動し，節度のある生活をすること。
　　〔第5学年及び第6学年〕
　安全に気を付けることや，生活習慣の大切さについて理解し，自分の生活を見直し，節度を守り節制に心掛けること。
[個性の伸長]
　　〔第1学年及び第2学年〕
　自分の特徴に気付くこと。
　　〔第3学年及び第4学年〕
　自分の特徴に気付き，長所を伸ばすこと。
　　〔第5学年及び第6学年〕
　自分の特徴を知って，短所を改め長所を伸ばすこと。
[希望と勇気，努力と強い意志]
　　〔第1学年及び第2学年〕
　自分のやるべき勉強や仕事をしっかりと行うこと。
　　〔第3学年及び第4学年〕
　自分でやろうと決めた目標に向かって，強い意志をもち，粘り強くやり抜くこと。
　　〔第5学年及び第6学年〕
　より高い目標を立て，希望と勇気をもち，困難があってもくじけずに努力して物事をやり抜くこと。
[真理の探究]
　　〔第5学年及び第6学年〕
　真理を大切にし，物事を探究しようとする心をもつこと。

　B　主として人との関わりに関すること
[親切，思いやり]
　　〔第1学年及び第2学年〕
　身近にいる人に温かい心で接し，親切にすること。
　　〔第3学年及び第4学年〕
　相手のことを思いやり，進んで親切にすること。
　　〔第5学年及び第6学年〕
　誰に対しても思いやりの心をもち，相手の立場に立って親切にすること。
[感謝]
　　〔第1学年及び第2学年〕
　家族など日頃世話になっている人々に感謝すること。
　　〔第3学年及び第4学年〕
　家族など生活を支えてくれている人々や現在の生活を築いてくれた高

齢者に，尊敬と感謝の気持ちをもって接すること。
　　〔第5学年及び第6学年〕
　日々の生活が家族や過去からの多くの人々の支え合いや助け合いで成り立っていることに感謝し，それに応えること。
［礼儀］
　　〔第1学年及び第2学年〕
　気持ちのよい挨拶，言葉遣い，動作などに心掛けて，明るく接すること。
　　〔第3学年及び第4学年〕
　礼儀の大切さを知り，誰に対しても真心をもって接すること。
　　〔第5学年及び第6学年〕
　時と場をわきまえて，礼儀正しく真心をもって接すること。
［友情，信頼］
　　〔第1学年及び第2学年〕
　友達と仲よくし，助け合うこと。
　　〔第3学年及び第4学年〕
　友達と互いに理解し，信頼し，助け合うこと。
　　〔第5学年及び第6学年〕
　友達と互いに信頼し，学び合って友情を深め，異性についても理解しながら，人間関係を築いていくこと。
［相互理解，寛容］
　　〔第3学年及び第4学年〕
　自分の考えや意見を相手に伝えるとともに，相手のことを理解し，自分と異なる意見も大切にすること。
　　〔第5学年及び第6学年〕
　自分の考えや意見を相手に伝えるとともに，謙虚な心をもち，広い心で自分と異なる意見や立場を尊重すること。

　C　主として集団や社会との関わりに関すること
［規則の尊重］
　　〔第1学年及び第2学年〕
　約束やきまりを守り，みんなが使う物を大切にすること。
　　〔第3学年及び第4学年〕
　約束や社会のきまりの意義を理解し，それらを守ること。
　　〔第5学年及び第6学年〕
　法やきまりの意義を理解した上で進んでそれらを守り，自他の権利を大切にし，義務を果たすこと。
［公正，公平，社会正義］
　　〔第1学年及び第2学年〕
　自分の好き嫌いにとらわれないで接すること。

〔第3学年及び第4学年〕
　誰に対しても分け隔てをせず，公正，公平な態度で接すること。
　〔第5学年及び第6学年〕
　誰に対しても差別をすることや偏見をもつことなく，公正，公平な態度で接し，正義の実現に努めること。

[勤労，公共の精神]
　〔第1学年及び第2学年〕
　働くことのよさを知り，みんなのために働くこと。
　〔第3学年及び第4学年〕
　働くことの大切さを知り，進んでみんなのために働くこと。
　〔第5学年及び第6学年〕
　働くことや社会に奉仕することの充実感を味わうとともに，その意義を理解し，公共のために役に立つことをすること。

[家族愛，家庭生活の充実]
　〔第1学年及び第2学年〕
　父母，祖父母を敬愛し，進んで家の手伝いなどをして，家族の役に立つこと。
　〔第3学年及び第4学年〕
　父母，祖父母を敬愛し，家族みんなで協力し合って楽しい家庭をつくること。
　〔第5学年及び第6学年〕
　父母，祖父母を敬愛し，家族の幸せを求めて，進んで役に立つことをすること。

[よりよい学校生活，集団生活の充実]
　〔第1学年及び第2学年〕
　先生を敬愛し，学校の人々に親しんで，学級や学校の生活を楽しくすること。
　〔第3学年及び第4学年〕
　先生や学校の人々を敬愛し，みんなで協力し合って楽しい学級や学校をつくること。
　〔第5学年及び第6学年〕
　先生や学校の人々を敬愛し，みんなで協力し合ってよりよい学級や学校をつくるとともに，様々な集団の中での自分の役割を自覚して集団生活の充実に努めること。

[伝統と文化の尊重，国や郷土を愛する態度]
　〔第1学年及び第2学年〕
　我が国や郷土の文化と生活に親しみ，愛着をもつこと。
　〔第3学年及び第4学年〕
　我が国や郷土の伝統と文化を大切にし，国や郷土を愛する心をもつこと。

〔第5学年及び第6学年〕
　我が国や郷土の伝統と文化を大切にし，先人の努力を知り，国や郷土を愛する心をもつこと。
　［国際理解，国際親善］
　　〔第1学年及び第2学年〕
　他国の人々や文化に親しむこと。
　　〔第3学年及び第4学年〕
　他国の人々や文化に親しみ，関心をもつこと。
　　〔第5学年及び第6学年〕
　他国の人々や文化について理解し，日本人としての自覚をもって国際親善に努めること。

　D　主として生命や自然，崇高なものとの関わりに関すること
　［生命の尊さ］
　　〔第1学年及び第2学年〕
　生きることのすばらしさを知り，生命を大切にすること。
　　〔第3学年及び第4学年〕
　生命の尊さを知り，生命あるものを大切にすること。
　　〔第5学年及び第6学年〕
　生命が多くの生命のつながりの中にあるかけがえのないものであることを理解し，生命を尊重すること。
　［自然愛護］
　　〔第1学年及び第2学年〕
　身近な自然に親しみ，動植物に優しい心で接すること。
　　〔第3学年及び第4学年〕
　　自然のすばらしさや不思議さを感じ取り，自然や動植物を大切にすること。
　　〔第5学年及び第6学年〕
自然の偉大さを知り，自然環境を大切にすること。
　［感動，畏敬の念］
　　〔第1学年及び第2学年〕
　美しいものに触れ，すがすがしい心をもつこと。
　　〔第3学年及び第4学年〕
　美しいものや気高いものに感動する心をもつこと。
　　〔第5学年及び第6学年〕
　美しいものや気高いものに感動する心や人間の力を超えたものに対する畏敬の念をもつこと。

［よりよく生きる喜び］
〔第5学年及び第6学年〕
　よりよく生きようとする人間の強さや気高さを理解し，人間として生きる喜びを感じること。

● 第3　指導計画の作成と内容の取扱い

1　各学校においては，道徳教育の全体計画に基づき，各教科，外国語活動，総合的な学習の時間及び特別活動との関連を考慮しながら，道徳科の年間指導計画を作成するものとする。なお，作成に当たっては，第2に示す各学年段階の内容項目について，相当する各学年において全て取り上げることとする。その際，児童や学校の実態に応じ，2学年間を見通した重点的な指導や内容項目間の関連を密にした指導，一つの内容項目を複数の時間で扱う指導を取り入れるなどの工夫を行うものとする。

2　第2の内容の指導に当たっては，次の事項に配慮するものとする。
　(1)　校長や教頭などの参加，他の教師との協力的な指導などについて工夫し，道徳教育推進教師を中心とした指導体制を充実すること。
　(2)　道徳科が学校の教育活動全体を通じて行う道徳教育の要としての役割を果たすことができるよう，計画的・発展的な指導を行うこと。特に，各教科，外国語活動，総合的な学習の時間及び特別活動における道徳教育としては取り扱う機会が十分でない内容項目に関わる指導を補うことや，児童や学校の実態等を踏まえて指導をより一層深めること，内容項目の相互の関連を捉え直したり発展させたりすることに留意すること。
　(3)　児童が自ら道徳性を養う中で，自らを振り返って成長を実感したり，これからの課題や目標を見付けたりすることができるよう工夫すること。その際，道徳性を養うことの意義について，児童自らが考え，理解し，主体的に学習に取り組むことができるようにすること。
　(4)　児童が多様な感じ方や考え方に接する中で，考えを深め，判断し，表現する力などを育むことができるよう，自分の考えを基に話し合ったり書いたりするなどの言語活動を充実すること。
　(5)　児童の発達の段階や特性等を考慮し，指導のねらいに即して，問題解決的な学習，道徳的行為に関する体験的な学習等を適切に取り入れるなど，指導方法を工夫すること。その際，それらの活動を通じて学んだ内容の意義などについて考えることができるようにすること。また，特別活動等における多様な実践活動や体験活動も道徳科の授業に生かすようにすること。

(6) 児童の発達の段階や特性等を考慮し,第2に示す内容との関連を踏まえつつ,情報モラルに関する指導を充実すること。また,児童の発達の段階や特性等を考慮し,例えば,社会の持続可能な発展などの現代的な課題の取扱いにも留意し,身近な社会的課題を自分との関係において考え,それらの解決に寄与しようとする意欲や態度を育てるよう努めること。なお,多様な見方や考え方のできる事柄について,特定の見方や考え方に偏った指導を行うことのないようにすること。
(7) 道徳科の授業を公開したり,授業の実施や地域教材の開発や活用などに家庭や地域の人々,各分野の専門家等の積極的な参加や協力を得たりするなど,家庭や地域社会との共通理解を深め,相互の連携を図ること。

3 教材については,次の事項に留意するものとする。
(1) 児童の発達の段階や特性,地域の実情等を考慮し,多様な教材の活用に努めること。特に,生命の尊厳,自然,伝統と文化,先人の伝記,スポーツ,情報化への対応等の現代的な課題などを題材とし,児童が問題意識をもって多面的・多角的に考えたり,感動を覚えたりするような充実した教材の開発や活用を行うこと。
(2) 教材については,教育基本法や学校教育法その他の法令に従い次の観点に照らし適切と判断されるものであること。
　ア　児童の発達の段階に即し,ねらいを達成するのにふさわしいものであること。
　イ　人間尊重の精神にかなうものであって,悩みや葛藤等の心の揺れ,人間関係の理解等の課題も含め,児童が深く考えることができ,人間としてよりよく生きる喜びや勇気を与えられるものであること。
　ウ　多様な見方や考え方のできる事柄を取り扱う場合には,特定の見方や考え方に偏った取扱いがなされていないものであること。

4 児童の学習状況や道徳性に係る成長の様子を継続的に把握し,指導に生かすよう努める必要がある。ただし,数値などによる評価は行わないものとする。

中学校学習指導要領

第3章『特別の教科　道徳』

● 第1　目標

第1章総則の第1の2の(2)に示す道徳教育の目標に基づき，よりよく生きるための基盤となる道徳性を養うため，道徳的諸価値についての理解を基に，自己を見つめ，物事を広い視野から多面的・多角的に考え，人間としての生き方についての考えを深める学習を通して，道徳的な判断力，心情，実践意欲と態度を育てる。

● 第2　内容

学校の教育活動全体を通じて行う道徳教育の要である道徳科においては，以下に示す項目について扱う。

　A　主として自分自身に関すること
　［自主，自律，自由と責任］
　　自律の精神を重んじ，自主的に考え，判断し，誠実に実行してその結果に責任をもつこと。
　［節度，節制］
　　望ましい生活習慣を身に付け，心身の健康の増進を図り，節度を守り節制に心掛け，安全で調和のある生活をすること。
　［向上心，個性の伸長］
　　自己を見つめ，自己の向上を図るとともに，個性を伸ばして充実した生き方を追求すること。
　［希望と勇気，克己と強い意志］
　　より高い目標を設定し，その達成を目指し，希望と勇気をもち，困難や失敗を乗り越えて着実にやり遂げること。
　［真理の探究，創造］
　　真実を大切にし，真理を探究して新しいものを生み出そうと努めること。

　B　主として人との関わりに関すること
　［思いやり，感謝］
　　思いやりの心をもって人と接するとともに，家族などの支えや多くの人々の善意により日々の生活や現在の自分があることに感謝し，

進んでそれに応え，人間愛の精神を深めること。
［礼儀］
　礼儀の意義を理解し，時と場に応じた適切な言動をとること。
［友情，信頼］
　友情の尊さを理解して心から信頼できる友達をもち，互いに励まし合い，高め合うとともに，異性についての理解を深め，悩みや葛藤も経験しながら人間関係を深めていくこと。
［相互理解，寛容］
　自分の考えや意見を相手に伝えるとともに，それぞれの個性や立場を尊重し，いろいろなものの見方や考え方があることを理解し，寛容の心をもって謙虚に他に学び，自らを高めていくこと。

C　主として集団や社会との関わりに関すること
［遵法精神，公徳心］
　法やきまりの意義を理解し，それらを進んで守るとともに，そのよりよい在り方について考え，自他の権利を大切にし，義務を果たして，規律ある安定した社会の実現に努めること。
［公正，公平，社会正義］
　正義と公正さを重んじ，誰に対しても公平に接し，差別や偏見のない社会の実現に努めること。
［社会参画，公共の精神］
　社会参画の意識と社会連帯の自覚を高め，公共の精神をもってよりよい社会の実現に努めること。
［勤労］
　勤労の尊さや意義を理解し，将来の生き方について考えを深め，勤労を通じて社会に貢献すること。
［家族愛，家庭生活の充実］
　父母，祖父母を敬愛し，家族の一員としての自覚をもって充実した家庭生活を築くこと。
［よりよい学校生活，集団生活の充実］
　教師や学校の人々を敬愛し，学級や学校の一員としての自覚をもち，協力し合ってよりよい校風をつくるとともに，様々な集団の意義や集団の中での自分の役割と責任を自覚して集団生活の充実に努めること。
［郷土の伝統と文化の尊重，郷土を愛する態度］
　郷土の伝統と文化を大切にし，社会に尽くした先人や高齢者に尊敬の念を深め，地域社会の一員としての自覚をもって郷土を愛し，進んで郷土の発展に努めること。

[我が国の伝統と文化の尊重，国を愛する態度]
　　優れた伝統の継承と新しい文化の創造に貢献するとともに，日本人としての自覚をもって国を愛し，国家及び社会の形成者として，その発展に努めること。
[国際理解，国際貢献]
　　世界の中の日本人としての自覚をもち，他国を尊重し，国際的視野に立って，世界の平和と人類の発展に寄与すること。

D　主として生命や自然，崇高なものとの関わりに関すること
[生命の尊さ]
　　生命の尊さについて，その連続性や有限性なども含めて理解し，かけがえのない生命を尊重すること。
[自然愛護]
　　自然の崇高さを知り，自然環境を大切にすることの意義を理解し，進んで自然の愛護に努めること。
[感動，畏敬の念]
　　美しいものや気高いものに感動する心をもち，人間の力を超えたものに対する畏敬の念を深めること。
[よりよく生きる喜び]
　　人間には自らの弱さや醜さを克服する強さや気高く生きようとする心があることを理解し，人間として生きることに喜びを見いだすこと。

● 第3　指導計画の作成と内容の取扱い

1　各学校においては，道徳教育の全体計画に基づき，各教科，総合的な学習の時間及び特別活動との関連を考慮しながら，道徳科の年間指導計画を作成するものとする。なお，作成に当たっては，第2に示す内容項目について，各学年において全て取り上げることとする。その際，生徒や学校の実態に応じ，3学年間を見通した重点的な指導や内容項目間の関連を密にした指導，一つの内容項目を複数の時間で扱う指導を取り入れるなどの工夫を行うものとする。

2　第2の内容の指導に当たっては，次の事項に配慮するものとする。
　(1)　学級担任の教師が行うことを原則とするが，校長や教頭などの参加，他の教師との協力的な指導などについて工夫し，道徳教育推進教師を中心とした指導体制を充実すること。
　(2)　道徳科が学校の教育活動全体を通じて行う道徳教育の要としての役割を果たすことができるよう，計画的・発展的な指導を行うこと。

特に，各教科，総合的な学習の時間及び特別活動における道徳教育としては取り扱う機会が十分でない内容項目に関わる指導を補うことや，生徒や学校の実態等を踏まえて指導をより一層深めること，内容項目の相互の関連を捉え直したり発展させたりすることに留意すること。
(3) 生徒が自ら道徳性を養う中で，自らを振り返って成長を実感したり，これからの課題や目標を見付けたりすることができるよう工夫すること。その際，道徳性を養うことの意義について，生徒自らが考え，理解し，主体的に学習に取り組むことができるようにすること。また，発達の段階を考慮し，人間としての弱さを認めながら，それを乗り越えてよりよく生きようとすることのよさについて，教師が生徒と共に考える姿勢を大切にすること。
(4) 生徒が多様な感じ方や考え方に接する中で，考えを深め，判断し，表現する力などを育むことができるよう，自分の考えを基に討論したり書いたりするなどの言語活動を充実すること。その際，様々な価値観について多面的・多角的な視点から振り返って考える機会を設けるとともに，生徒が多様な見方や考え方に接しながら，更に新しい見方や考え方を生み出していくことができるよう留意すること。
(5) 生徒の発達の段階や特性等を考慮し，指導のねらいに即して，問題解決的な学習，道徳的行為に関する体験的な学習等を適切に取り入れるなど，指導方法を工夫すること。その際，それらの活動を通じて学んだ内容の意義などについて考えることができるようにすること。また，特別活動等における多様な実践活動や体験活動も道徳科の授業に生かすようにすること。
(6) 生徒の発達の段階や特性等を考慮し，第2に示す内容との関連を踏まえつつ，情報モラルに関する指導を充実すること。また，例えば，科学技術の発展と生命倫理との関係や社会の持続可能な発展などの現代的な課題の取扱いにも留意し，身近な社会的課題を自分との関係において考え，その解決に向けて取り組もうとする意欲や態度を育てるよう努めること。なお，多様な見方や考え方のできる事柄について，特定の見方や考え方に偏った指導を行うことのないようにすること。
(7) 道徳科の授業を公開したり，授業の実施や地域教材の開発や活用などに家庭や地域の人々，各分野の専門家等の積極的な参加や協力を得たりするなど，家庭や地域社会との共通理解を深め，相互の連携を図ること。

3 教材については，次の事項に留意するものとする。
(1) 生徒の発達の段階や特性，地域の実情等を考慮し，多様な教材の

活用に努めること。特に，生命の尊厳，社会参画，自然，伝統と文化，先人の伝記，スポーツ，情報化への対応等の現代的な課題などを題材とし，生徒が問題意識をもって多面的・多角的に考えたり，感動を覚えたりするような充実した教材の開発や活用を行うこと。
　(2)　教材については，教育基本法や学校教育法その他の法令に従い，次の観点に照らし適切と判断されるものであること。
　　ア　生徒の発達の段階に即し，ねらいを達成するのにふさわしいものであること。
　　イ　人間尊重の精神にかなうものであって，悩みや葛藤等の心の揺れ，人間関係の理解等の課題も含め，生徒が深く考えることができ，人間としてよりよく生きる喜びや勇気を与えられるものであること。
　　ウ　多様な見方や考え方のできる事柄を取り扱う場合には，特定の見方や考え方に偏った取扱いがなされていないものであること。
4　生徒の学習状況や道徳性に係る成長の様子を継続的に把握し，指導に生かすよう努める必要がある。ただし，数値などによる評価は行わない。

【監修者紹介】

谷田貝公昭（やたがい・まさあき）
　　目白大学名誉教授
［主な著書］『しつけ事典』（監修、一藝社、2013年）、『新版・保育用語辞典』（編集代表、一藝社、2016年）、『実践・保育内容シリーズ［全6巻］』（監修、一藝社、2014〜2015年）、『絵でわかるこどものせいかつずかん［全4巻］』（監修、合同出版、2012年）ほか多数

大沢　裕（おおさわ・ひろし）
　　松蔭大学コミュニケーション文化学部子ども学科教授
［主な著書］『教育原理』保育者養成シリーズ（単編共著、一藝社、2012年）、『新版・幼児理解』（単編共著、一藝社、2018年）、『教育の知恵60－教師・教育者を励まし勇気づける名言集－』（編著、一藝社、2018年）、『幼稚園と小学校の教育－初等教育の原理』（共著、東信堂、2011年）ほか

【編著者紹介】

大沢　裕（おおさわ・ひろし）
　　〈監修者紹介参照〉

中島朋紀（なかしま・とものり）
　　鎌倉女子大学短期大学部初等教育学科准教授
［主な著書］『モラルの心理学－理論・研究・道徳教育の実践－』（共著、北大路書房、2015年）、『保育者養成のための初年次教育ワークブック』（共編著、一藝社、2018年）ほか

【執筆者紹介】（五十音順）

浅香怜子（あさか・れいこ）　　　　　　　［第12章B・E］
　　東京未来大学非常勤講師

伊藤甲之介（いとう・こうのすけ）　　　　［第12章D］
　　鎌倉女子大学児童学部准教授

大﨑利紀子（おおさき・りきこ）　　　　　［第12章A］
　　横浜高等教育専門学校専任教諭

大沢　裕（おおさわ・ひろし）　　　　　　［第2章A・第14章C］
　　〈監修者紹介参照〉

杉山勇人（すぎやま・はやと）　　　　　　［第12章G］
　　鎌倉女子大学短期大学部初等教育学科准教授

鈴木敦子（すずき・あつこ）　　　　　　　［第6章M・第14章B］
　　鎌倉女子大学非常勤講師

髙﨑みさと（たかさき・みさと）　　　　　［第12章F］
　　東京家政大学家政学部児童学科助教

中島朋紀（なかしま・とものり）
　　　　［第1章・第4章・第6章B〜D, F〜L・第7章〜第11章・第12章C・第13章］
　　〈編著者紹介参照〉

中山博夫（なかやま・ひろお）　　　　　　［第5章・第15章］
　　目白大学人間学部児童教育学科教授

野川智子（のがわ・ともこ）　　　　　　　［第6章A・E］
　　松蔭大学コミュニケーション文化学部子ども学科准教授

藤澤　文（ふじさわ・あや）　　　　　　　［第2章B］
　　鎌倉女子大学児童学部准教授

細野美幸（ほその・みゆき）　　　　　　　［第3章］
　　鎌倉女子大学短期大学部初等教育学科准教授

望月重信（もちづき・しげのぶ）　　　　　［第2章C］
　　明治学院大学名誉教授

谷田貝　円（やたがい・まどか）　　　　　［第14章A］
　　明治学園羽鳥幼稚舎教諭

●装丁（カバー）デザイン　本田いく

ともに考え深めよう！
新たな道徳教育の創造

2019年3月15日　初版第1刷発行

監修者　谷田貝 公昭・大沢 裕
編著者　大沢 裕・中島 朋紀
発行者　菊池 公男

発行所　株式会社 一藝社
〒160-0014 東京都新宿区内藤町 1-6
Tel. 03-5312-8890　Fax. 03-5312-8895
E-mail : info@ichigeisha.co.jp
HP : http://www.ichigeisha.co.jp
振替　東京 00180-5-350802
印刷・製本　シナノ書籍印刷株式会社

©Masaaki Yatagai, Hiroshi Osawa
2019 Printed in Japan
ISBN 978-4-86359-188-2　C3037
乱丁・落丁本はお取り替えいたします

一藝社の本

保育者養成校
1年次必携！

保育者養成のための

初年次教育ワークブック

監修
谷田貝 公昭
大沢 裕

編著
大沢 裕
越智 幸一
中島 朋紀

workbook

保育者になろう！ 学びのスタートライン

A4判　定価（本体1,900円＋税）
ISBN 978-4-86359-170-7

ご注文は最寄りの書店または小社営業部まで。小社ホームページからもご注文いただけます。